U1010202

你欠人生一个梦想，欠梦想一个开始

林夕——著

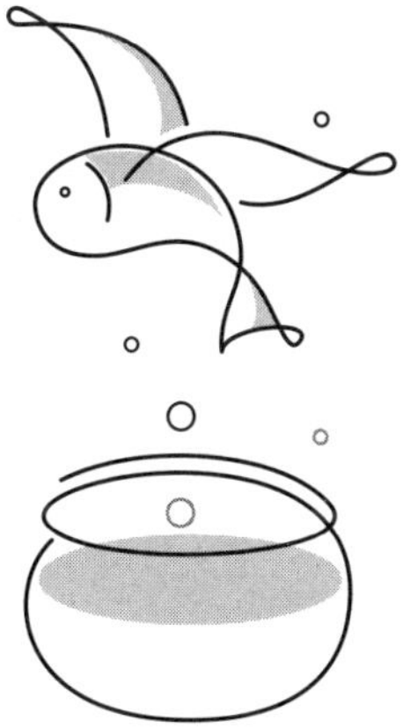

哈尔滨出版社
HARBIN PUBLISHING HOUSE

图书在版编目 (CIP) 数据

你欠人生一个梦想，欠梦想一个开始 / 林夕著 . —
哈尔滨：哈尔滨出版社，2019.11
ISBN 978-7-5484-4317-9

Ⅰ. ①你… Ⅱ. ①林… Ⅲ. ①成功心理－通俗读物
Ⅳ. ①B848.4-49

中国版本图书馆 CIP 数据核字（2018）第 224486 号

书　　名：你欠人生一个梦想，欠梦想一个开始
NI QIAN RENSHENG YIGE MENGXIANG, QIAN MENGXIANG YIGE KAISHI

作　　者：林　夕　著
责任编辑：赵　芳　滕　达
责任审校：李　战
封面设计：象上品牌设计

出版发行：哈尔滨出版社（Harbin Publishing House）
社　　址：哈尔滨市松北区世坤路 738 号 9 号楼　　邮编：150028
经　　销：全国新华书店
印　　刷：河北鸿祥信彩印刷有限公司
网　　址：www.hrbcbs.com　　www.mifengniao.com
E－mail：hrbcbs@yeah.net
编辑版权热线：（0451）87900271　87900272
销售热线：（0451）87900202　87900203
邮购热线：4006900345　（0451）87900256

开　　本：787mm × 1092mm　1/32　印张：7　字数：140 千字
版　　次：2019 年 11 月第 1 版
印　　次：2019 年 11 月第 1 次印刷
书　　号：ISBN 978-7-5484-4317-9
定　　价：39.80 元

凡购本社图书发现印装错误，请与本社印制部联系调换。服务热线：（0451）87900278

目 录

第一章 人生哲理

第二章

成功法则

第三章
处世之道

第四章 生活智慧

第一章
人生哲理

人生的路经历过，才知道有短有长。花无百日红，人无千日好。学会在生命的浮沉中体会山重水复疑无路，柳暗花明又一村的豁然开朗。

30岁要删除的三个梦想

阿文是我的编辑，毕业于复旦大学中文系，学生时代就在省级报刊发表过作品，一毕业就被一家大报高薪聘了去，年纪轻轻就当上了部主任，可谓少年得志。那天他打电话给我，谈了会儿稿子的事，就在谈话快要结束时，他告诉我他刚刚过了30岁生日，语气中透着些许感慨。于是我问他有何感想。他说很多，最大的感想是终于明白了一个道理，那就是他一直埋在心里的三个梦想，现在终于明白，永远也无法实现了！既然无法实现，藏在心里只能折磨自己，所以决定删除。

我一时无语，静静地等着下文。

“第一个要删除的梦想，是英语。你知道吗？我从七岁就开始学英语，开始是被父母逼着学，为此没少挨打受骂，每天早晨睡得迷迷糊糊就被叫醒，起来背单词。到现在已经20多年了，用坏了三个录音机、两个复读机。结果呢，我的英语只能和中国人说，一遇到老外，就得去找翻译。现在回过头来想，真是傻透了！我既不想做职业翻译，也不想定居国外，一生中用英语的机会能有多少？需要时雇个翻译就行了，为什么要这么折磨自己呢？这样一想，就通了，人也轻松了不少。”

我无声地笑了，暗想：像阿文这样被英语折磨过的人，在中国恐怕不是一个小数目吧？不知道他们听到这番话，会做何感想？是想像阿文那样选择放弃，还是坚持到底？

“第二个要删除的梦想——”阿文又继续说道，“是浪漫。我承认，浪漫的感觉的确很好，但只适合年轻人。我已经30岁了，不想再要什么过程，我要直接步入生活。比如下了班两个人一起去超市，买新鲜食物，或给家里换一个新款窗帘。像那种情人节花20元买一枝玫瑰，圣诞节花几百元去吃哈根达斯的事，我不会再做了。这种事30岁之前做就叫浪漫，30岁之后再做，就是浪费。”

我忍不住想笑，但好像被哽住了，没笑出来。

“第三个要删除的梦想，就是野心。野心这东西好是好，但和浪漫一样，是年轻人的特权。我不否认，世界上也有大器晚成的人，但那是极少数。对大多数人而言，如果30岁无迹象、40岁无成果，恐怕一生就不过如此了。我今年30岁，虽然文章经常见报，书也出了几本，但我不得不承认一件事，那就是自己不可能成为海明威了！那种人是天才，是上帝用特殊材料造成的，几十年才能有一个。而我最多也不过就是一人才吧，就算穷尽一生不吃不喝、日夜兼程地写作，也不可能写出《老人与海》那样的杰作，不如不去做这个梦，给自己定一个更现实、更适合自己、通过努力能够实现的目标吧。”

阿文的一番感言，让我想起不知谁说过的一句话：男人30岁之前是半成品，30岁之后才是成品。照此说法，阿文应该算是成品了。他今天说的这番话，也像是成年人所为。我相信，他以后的人生会更踏实，更平稳，更少犯错误。作为朋友，我应该为他感到高兴才是，但不知怎么，高兴之余，却有几分落寞。

有人说，人生就是一个不断妥协的过程。依我看，人生更像是一部分为上、下两集的连续剧，以30岁为界，上半部是一个不断积蓄、不断体验、不断爆发的过程。下半部则是一个不断丢失、不断内敛、不断删除的过程。直到最后，抵达终点，我们将删除自己拥有的最后一样东西——生命。这的确不是一件令人欣喜的事情，但又能怎么样呢？主动地删除总比被动地接受要好，我尊重那些60岁仍坚持自己、不肯放弃梦想的人，但像阿文这样30岁想要删除梦想的人，亦不敢轻看。

炕本来就是脏的

我是通过朋友介绍认识他的，他在大学里学的是财经专业，因为成绩非常优秀，毕业后被保送读研究生，后来又留校当教师，现在已经是教授了。他虽然很受人尊敬，但生活上根本无法与同学相比。他们毕业大都去了各大银行，现在已做到科长、处长，有的已做到行长了，行有车、住有房，每天都有人请，一顿饭吃掉几千元也是常事。我问他后不后悔，他笑着摇摇头，说："后悔？不，一点儿也不！"

我看看他，有些不信，他也许看出来了，就又接着说："今年夏天，我们学校50年校庆，我们班一共42名同学，来了30人，有12个人没来。你知道为什么吗？"

"因为工作忙，出差或有别的事吧！"

"不是。这12个人现在都在监狱里关押着，所以无法来。在银行工作，直接和钱打交道，非常危险，一不小心受不住诱惑就会犯错。我们毕业十年，就进去了12个人，平均每年都有人进去。特别是最近几年，出事的越来越多，所以我们每隔一段时间就打个电话联络一下，如果一段时间谁没有消息，就可能是出事进去了！"

我看着他："那只能怨他们自己，是他们自己意志不坚强，和银行工作没关系。"

"不对，我们每个人都生活在具体的环境中，环境的影响很重要，在环境面前，人的力量非常渺小。举个例子，我教的学生在学校时都差不多，可是毕业后去了不同的单位，用不上三个月，再见他们时变化就出来了。去政府机关的，说话慢条斯理的，打着官腔，无论到哪，都习惯性地先拿起报纸看看，倒杯茶喝喝；去国企的，走路慢慢腾腾的，不温不火，问他什么都思考半天，请示请示、研究研究；去外企的，走路快捷，思维敏捷，说话简捷，注重礼节。他们表现各异，迥然不同。”

告别教授，一路上，我一直回味着他说的话，但还是有几分不理解。

第二天，我和电视台的两位记者去农村采访一位患白血病的女孩，她家非常穷，屋里脏乱不堪，苍蝇嗡嗡满屋飞。但是也好，不用脱鞋进屋，省去脱鞋的麻烦。我们出出进进，把屋里屋外都拍了一遍，我环视四周，看看还有什么该拍的，一抬头，看见墙上贴了一张女孩在学校得的三好学生奖状。可是那张奖状贴得太高，在地上够不着，女孩的父亲说：“上炕上拍吧！”我们就弯腰脱鞋，女孩的父亲又说：“不用脱鞋，穿鞋上来拍吧！”我说：“还是脱了吧，鞋脏！”女孩的父亲就又说：“不用脱，炕本来就是脏的，脱了鞋反把袜子弄脏了！”

结果，我们就穿着鞋上炕，拍完照又下来。走时又觉得拍的不够，又回来补拍几个镜头，我们也是穿鞋进屋，穿鞋上炕，也并不觉得怎么样。因为炕本来就是脏的。

拍完片子，我们坐上车，一路奔驰回到城市，回到家。一进门，看见自家洁净的地板，我立刻弯腰脱鞋。就在弯腰的一刹那，我忽然理解了教授所说的话。

是的，环境的影响的确很重要，在环境面前，人的力量非常渺小。我们可以随时被具体的环境所改变，所以要按照自己制定的目标来选择和适应环境，并在不断变化的环境中始终保持自己的信仰和追求。

人生如下棋

父亲喜欢下象棋。那一年，我大学放假回家，父亲教我下棋。

我们俩摆好棋，父亲让我先走三步。可不到三分钟，我的兵将损失大半，棋盘上光秃秃的，只剩下老帅、仕和一车两卒在孤军奋战。我不肯罢休，可是已无回天之力，眼睁睁地看着父亲“将军”，我输了。

我不服气，摆棋再下。几次交锋，基本上都是下到十分钟就败下阵来。我不禁有些泄气。父亲看看我，说：“你初学棋，输是正常的。但是你要知道输在什么地方。否则你就是再下上十年，也还是输。”

“我知道，输在棋艺上。我技术不如你，没有经验。”

“这只是次要因素，不是最重要的。”

“那最重要的是什么？”我不解地问。

“最重要的是你心态不对。你不珍惜你的棋子。”

“我怎么不珍惜？每走一步，我都想半天。”我不服气地说。

“那是后来。开始你是这样吗？我给你算过，你三分之二的棋子是在前三分之一的时间里失去的。这期间你走棋不假思索，拿起来就走，失了也不觉得可惜。因为你觉得棋子很多，失一两个不算什么。”

我看看父亲，不好意思地低下头。

“后三分之二的时间，你又犯了相反的错误：对棋子过于珍惜，每走一步，都思前想后，患得患失，一个棋也不想失，结果一个个都失去了。”

说到这，父亲停下来，把棋子重新在棋盘上摆好，抬起头看着我，问：“这是一盘待下的棋，我问你：下棋的基本原则是什么？”

我想也没想，脱口而出：“赢呗。”

“那是目的，”父亲不满地扫了我一眼，“下棋最基本的原则是得、失。有得必有失，有失才有得。每走一步，你心里都要非常清楚，为了赢得什么，你愿意失去什么。这样才可能赢。可惜，大部分人都像你这样，开始不考虑失，只想到得。等到后来失的多了，又过于谨慎，束手束脚，所以才屡下屡败。其实不仅是下棋，人生也是如此呀。”

我看着父亲，又看看眼前的棋，恍然大悟：人生不就是一盘待下的棋吗？不同的是，有的人，棋刚刚摆好，还没开场；有的人，棋已经下了一半，得失参半；而有的人，棋已经接近尾声，尘埃落定。

人生如下棋，不管多么精彩的棋，其中总有遗憾。

人生不如下棋，下棋最大的好处是：如果你下错了，你还可以接着下。

人生的钥匙

这是父亲讲给我的故事。

有一个男人，在他很小的时候父母就去世了，他成了一名孤儿，孤苦伶仃，一无所有，流浪街头，受尽人间的磨难。最后，他终于创下了一份不菲的家业，而他自己也已到了人生暮年，该考虑辞世后的安排了。

他膝下有两子，都风华正茂，一样的聪明，一样的踏实能干。几乎所有的人，包括他自己，都认为应该把财产一分为二，平分给两个儿子。但在最后一刻，他改变了主意。

他把两个儿子叫到床前，从枕头底下拿出一把钥匙，抬起头看着他们，缓慢而清楚地说："我一生所赚得的财富，都锁在这把钥匙能打开的箱子里。可是现在，我只能把这把钥匙传给你们兄弟中的一人。"

兄弟俩惊讶地看着父亲，几乎异口同声地问："为什么？这太残忍了！"

"是，这是有些残忍，"父亲停顿了一下，加重语气道，"但也是一种善良。现在，你们自己选择吧。选择这把钥匙的人，必须承担起家庭的责任，按照我的意愿和方式，去经营和管理这些财富。拒绝这把钥匙的人，不必承担任何责任，生命完全属于你自己，你可以按照自己的意愿和方式，去赚取我的箱子以外的财富。"

兄弟俩听完，内心开始斗争。接过这把钥匙，可以保证一生没有苦难，没有风险，但也因此而被束缚，失去自由。拒绝它？毕竟箱子里的财富是有限的，外面的世界更精彩，但是那样的人生充满不测，前途未卜，万一……

父亲早已猜出兄弟俩的心思，他微微一笑，说："不错，每种选择都不完美，有快乐，也有痛苦，但这就是人生。你不可能把快乐集中，把痛苦消散。最重要的是你要了解自己，你想要什么？要过程，还是结局？"

兄弟俩豁然开朗。哥哥说："我要这把钥匙。"弟弟说："我要出去闯荡。"二人权衡利弊，最终各取所需。这样的结局，与父亲先前的预料不谋而合。

如今，20年过去了，兄弟俩的经历、境遇迥然不同。哥哥生活舒适安逸，把家业管理得井井有条，性格也变得越来越温和儒雅，特别是到了人生暮年，与去世的父亲越来越像，只是少了些锐利和坚韧。弟弟生活艰辛动荡，几经起伏，受尽磨难，性格也变得刚毅果断，与20年前相比，相差很大，几乎没多大关系了。最苦最难的时候，他也曾后悔过，怨恨过，但是已经选择了，没有退路，只能一往无前、坚定不移地往前走。经历了人生的起伏跌宕，他最终创下了一份属于自己的事业。这个时候，他才真正理解了父亲，并深深地感谢父亲。

第一次听到这个故事，我只有18岁。那时我刚考上省城大学，即将离家远行。父亲给我讲了这个故事。那时的我还不能理解父亲的良苦用心。现在，又一个18年过去了。几多风雨，几经坎坷，我终于真正理解了这个故事的寓意。

人生充满了选择。每一种选择都伴随着快乐和痛苦。快乐是一种营养，痛苦是比快乐更丰盛的营养，它们共同滋补人生，让生命迸发出无限活力和蓬勃生机。回忆过去，我深深地感谢父亲，感谢他给了我生命，和生命中最珍贵的礼物——自由，让我拥有自己人生的钥匙。

半间房和半个人生

我和阿楠是同窗好友，作为同龄人，我们有着共同的经历，求学、就职、结婚、生子，而后，又各自结束掉自己的婚姻。不同的是，我是主动，她是被动。就因为这一点差别，结局大相径庭。

先说我。因为离婚是我提出来的，丈夫作为男人的自尊心受到了伤害，所以在财产上苛求我，让我放弃属于我的一半房产。我呢，当时已订好写作计划，并和出版社签了约，想尽快结束这死魂灵婚姻，静下心来专心写作，所以同意了他的无理要求，在放弃房产声明上签了字，用刚得的稿费在市区租了一套公寓，带着自己心爱的电脑和衣物，搬了进去。

阿楠的情况比我复杂。她老公在外面有了情人，情人逼着他离婚，否则就跳楼自杀。没办法，他只好回家和老婆摊牌。作为过错方，他本想在财产上做些让步，可他的那位情人说什么也不让，非要一人一半。于是，原来两室一厅的房子一分为二，一人一室，客厅和厨房共用。

现在，三年过去了，我早已用稿费买了自己的房子，而阿楠还和前夫一屋两家地住着。那天，我去她家看她。她的家，从她离婚以后我很少来。每次走进这扇门，我内心都有一种说不出的感情。以前这里是我们聚会、聊天的地方，有时聊得太晚，阿楠就留我住下，把老公赶到另一个房间去。现在，我们俩在她的房间里聊天，另一个房间里却传来她的前夫和另一个女人的说话声，还夹杂着电视里的枪击声、女人的叫喊声。我的心情可想而知。

“我看，你还是像我这样，先租个房子搬出去。以后多写点稿，赚钱买房。这样太遭罪了。”我实在忍不住，劝阿楠道。

“为什么？这房子是我的，这是法律上规定的，我为什么要给他们？”阿楠一脸不满，大声反驳道。

“没错，法律上是这么规定的，可你有没有想过，你住在这里，整天看着他们出双入对的，心情不好，无心看书写稿，这对你不也是一种损失吗？”

阿楠迟疑了一下，叹了口气：“说真的，我也这么想过。可是一看到那个狐狸精趾高气扬的劲，我就气不平。她抢了我老公，还想把我气走，独占我的房子，这不太便宜她了嘛！所以，我不走！

就这么耗着，看谁能耗过谁！”

我还想再说什么，但一看阿楠一脸决战到底、誓不罢休的神情，就把话收回去了。

阿楠又唠唠叨叨说了些他们之间的事，什么水电费交多了，他们两个人用，自己一个人用得少。什么他们总是早出晚归，影响自己休息了。都是些无聊琐事，我听着听着有些心烦，待了一会儿就借口有事走了。

回去的路上，我不仅为阿楠感到惋惜，同时又为自己暗自庆幸。幸亏我当初当机立断，没有在财产上纠缠。虽然我放弃了属于自己的一半房产，但是得到了内心的平静和安宁，很快就走出了离婚的阴影，重新开始了自己的新生活。而生活并没有亏待我，不到两年的时间，我就有了一间产权属于自己的房子。

可是，再看看阿楠，从法律上讲，她维护了自己的利益，得到了属于自己的半间房。可是为了这半间房，她白白耗掉了三年，而且还要耗下去，说不定得搭上半个人生，这代价不也太大了吗？

选择痛苦

那一年，全国残疾人运动会在滨城召开。午休时，我和同事一边吃饭，一边谈论有关残疾人的话题。

“在所有的残疾人中，我觉得盲人最痛苦。”同事说道。

我略微思索了一下，颔首赞同：“的确，别的残疾可以借助医学器具来替代，多少减轻一下残疾的痛苦。可是盲人不能，没有什么可以代替眼睛。”

“在先天盲和后天盲中，我认为后天盲更痛苦。”同事又说。

“不对。我认为先天盲更痛苦。他们从生下来就看不见，不知道天空和大海的颜色，而后天盲的人却曾见过。”我反驳说。

“正因为他们曾见过，得而复失，所以才更痛苦。”

我们俩各持己见，谁也说服不了谁。我们认识的人中没有盲人，又不能贸然跑到街上拦住一个盲人去问，所以只好作罢。我们各自保留意见，时间长了，也就渐渐淡忘了。

前不久，我写小说把身体弄出了毛病，朋友介绍我去一家诊所按摩。诊所是一对盲人兄弟开的，他们不仅医术水平高，性格也很开朗。每次去他们都有说有笑，除了眼睛看不见，其他和正常人没什么两样。很快地，我们就熟了，我知道了他们各自的身世。

很奇怪，兄弟俩的父母、祖父母中没有盲人，可是哥哥刚生下来时眼睛略有光感，等到一岁时就完全失明了。弟弟在17岁患青光眼视力减退，先后做了三次手术，最后还是失明了。兄弟俩的身世，一下就让我想到多年前和同事争论的那个话题。

我犹豫了很久，最后，还是问了他们。

还好，兄弟俩并不生气，他们笑着告诉我：还是后天盲更痛苦。在他们认识的所有后天盲的人中，几乎都曾经有过想要自杀的念头，可是先天盲的人中却没有。他们生下来就看不见，以后也看不见，已经习惯了，认为生活就是这个样子，并不怎么痛苦。可是后天盲的人就不一样了，特别是刚刚失明的时候，就像突然间掉进无底的深渊，特别恐惧、绝望，那种痛苦无法用语言形容，简直是生不如死。

我这才知道，原来是我错了。

沉默了一会儿，我又说："假如——我是说假如，在先天盲和后天盲中选择一样，那你们一定会选择先天盲吧！"

没等哥哥作声，弟弟抢先开口道："不！假如能够选择，我当然要选择健康。但如果一定要在先天盲和后天盲中选择一样，那我宁愿像现在这样——后天盲。"

"为什么？"我疑惑不解。既然后天盲更痛苦，为什么不选择痛苦少一点的方式呢？

"因为，我虽然现在是盲人，但我曾经看见过，所以依然能看见——"

"依然能看见？"我更加不解。

"是的。在梦里，我看见天空、大海，它们是那么蓝，像蓝宝石一样。不，比蓝宝石还要蓝。别人的夜是黑色的，而我的是蓝色的。为了这个，我宁愿承受那些痛苦。"

我感觉自己的眼中一阵湿热，不是同情，是感动。

的确，没有人喜欢痛苦。但是，如果快乐需要用等量的痛苦做代价，那么，我也愿意像这位盲人兄弟一样，选择痛苦。

人生从今天开始

下午的时候，接到小丁阿姨的电话，告诉我她明天来大连，让我去车站接她。我感觉有点奇怪，小丁阿姨是妈妈最好的朋友，她早就说要来大连看海，可是一直也没有来。现在正是冬季，也不是看海的季节，她怎么想起来大连了？我正想着，电话又响了，是妈妈。她告诉我，小丁阿姨得了胃癌，晚期，她这次来大连是第一次也是最后一次，让我一定好好照顾她。

第二天早晨我去车站，很顺利就接到小丁阿姨。她脸色十分苍白，一副病容，我心里十分难受，强忍着笑了笑，说了些问候的话。我把她接到家，洗漱一下，吃了早饭。我想让她先休息一下，不料她却急着去看海，我就带她到海边看海。

冬天的海冷冷清清，海边依稀见到几个人影，海面上看不到一艘船，白茫茫一片，显得十分寂寥，远不如夏日的海滩，喧嚣热闹。小丁阿姨默默地站在海边，望着大海深处，我看着她的侧影，那么瘦弱单薄，悲伤又涌上来。海风吹来，我感觉有些寒意，就上前挽起她的胳膊，一边走一边说："冬天的海比不上夏天，等夏天的时候再来这里就好了！"话一出口，我就后悔了。

"我没有时间再等了！"小丁阿姨轻声说。

我看着她，她的脸更加苍白，手有些发颤，我心里说不出的难受，连一句安慰的话也说不出来。我们就沿着海边一直往前走，也不知走了多长时间，我感觉脚有些麻木了，就举起手叫了辆出租车，让司机沿着滨海路慢慢前行，尽可能让她欣赏海边的景色。

“大海多美啊！我好多次梦见自己像鱼一样，在大海里自由自在地游。”

“前面有海水游泳馆，我们去那里，我教你游。”

“不用了！我这一辈子，想做的事太多了，可是，唉！”小丁阿姨深深叹口气，转过身来看着我，摇摇头，“我真羡慕你，当年你说走，背个包就走了，现在不想上班就不上班了，你总能做你自己喜欢做的事。告诉我，你现在每天都做些什么？”

“早晨睡到8点多起来，听音乐，吃早餐，然后上网看新闻，然后写作到中午。下午呢，看看书，读读报，或者出去采访。晚上吃完饭和朋友上酒吧，喝酒听音乐，周末去迪厅蹦迪。”

“那你能不能带我去酒吧和迪厅，我活了50多岁，从来没去过那种地方！”

“好哇，这很简单，今天晚上我就带你去。”

晚上，我带小丁阿姨去我常去的那家爵士乐酒吧，我们坐在摇椅上，一边摇，一边喝酒，一边听爵士乐，她还不时地东张西望，像一个第一次来的小孩子般好奇。我陪着她喝了一大杯啤酒，我知道，她现在需要用酒来解放自己。我们待到9点钟，然后去了男孩女孩迪厅。刚进去时，她有些不适应，双手捂着耳朵，看着台上那些狂歌劲舞的人。我拉着她站到台上，让她学着我的样子，身体随着疯狂的音乐摆动。很快，她就适应了这里，忘了自己，跟着人群一起，一边兴奋地喊着“go！go！go！”，一边疯狂地摆动身体！

出了迪厅，坐在出租车上，我们两个还一边哼着节拍一边摆动身体，出租车司机把我们扔到楼口就跑了。我们俩哈哈大笑。回到家里，我们浑身瘫软地一屁股坐在地板上，嘴里依然哼唱着“go！go！go！”。

不知道过了多长时间，我们才停下来，小丁阿姨仰头看着天花板，眼泪顺着眼角流下来：“以前我喜欢做什么事，总是想：留到以后再做吧。到现在攒了那么多想做的事，可是我已经没有那么多以后了！今天我总算做了自己想做的事！所以，我的人生是从今天开始的。一个被宣判了死亡的人，才体验到生命的滋味，才懂得生命的真谛，才明白人生应该怎么活，是不是太晚了？”

我握住小丁阿姨的手：“晚总比没有开始好。我们都要好好地活，恣意享受生命。让我们就从今天开始吧！”

细节人生

平和帆在大学里是一对睡在上下铺的兄弟，大学毕业又去了同一城市的同一家报社，成为同事加好友，尽管他们的性格十分不同。

平性格文静、拘谨小心，做事井井有条，细致周到，从小到大，一直是家里的好孩子、学校的好学生、单位的好员工。他走到哪里，哪里就干净整齐，一尘不染。他被子叠得像豆腐块，每天换衣服换袜子，出门之前三检查——钥匙、钱包和办公月票，买东西不厌其烦先问三家，每天上下班永远踩着不变的时间和步伐。他写起文章来更是精耕细作，字字推敲，无一错字，挑不出一点毛病，但是通篇平淡无奇，读来索然无味，令人毫无印象。

帆正相反，性格豪爽、自由散漫，做事不拘小节，粗枝大叶。他从小到大，总是让家长、老师和单位领导操心，他走到哪里，哪里就会变得凌乱不堪。他早晨起来总是不叠被子，两只脚常常穿不同色的袜子，出门经常忘带钥匙，买东西经常忘找零钱，坐车有时候坐过好几站。他写起文章来却是大笔一挥，文思泉涌，一泻千里，虽然有时错字连篇，却有挡不住的文彩和神韵，特别是结尾处，总是神来一笔，出奇制胜，读后令人回味无穷，久久难以忘怀。

参加工作后不久，有一天，平和帆晚上下班，去附近一家小饭店吃饭。服务员过来让座，倒茶，递上菜牌。平接过来，看了一会儿，说："谁是老板？叫你们家老板来！"然后把菜牌递给帆，帆看了一眼，也说："对，找你们家老板来。"

服务员不知何事，赶紧把饭店老板找来，老板年纪不大，也是外地人。他不知眼前两位来者何事，有点担心害怕。平看看他，说："你们家的菜牌上有五个错别字，请你改过来。"

老板一听，笑了，连声说："谢谢，我这就改。"说完转身就要走。帆叫住了他，顺手拉过旁边一把椅子，说："来，坐下，我是报社记者，我发现你们家的菜比别人家平均便宜三分之一，这样还赚钱吗？”

老板一看是记者想采访，就放心了，一一道来。他越谈越投入，把自己这几年经营过程中的甜酸苦辣一股脑儿地倒给帆听。帆回去后，连夜写出一篇深刻且生动的《小老板的故事》，文章刊出后，反响很好，帆又连续采写了十位小老板创业的故事，引起很大反响。

现在，几年过去了，帆已是南方某大报总编，并出版了好几本专著。平仍然留在原来的城市，原来的报社。前不久，由于报社改制，他没有被原部门留用，被调到检查科做校对了。他曾经想给帆写封信，想调到他所任职的报社工作，但是最终没有下笔。

大智者可以在细节上错得颇多，但其整体却是对的。小智者却相反，细节都对，但加起来却是错了。

每种改变都要付代价

年初，在电脑公司做软件设计的朋友辞职出来，与几个人合伙创办了一个电脑网络公司，需要租一间办公室。他去了几个地方，最后选中离市中心稍远但交通方便的一个写字楼。楼主是外地人，曾做过农民，干装修发家后买了这栋楼，一共八层，一层是大堂，二层和顶层他自己公司用，三至七层出租，朋友去的时候，四至七层已租满，三层空闲，朋友就选了三层一间60平方米的房间，签订了两年的租赁合同，交了房租，搬进去开始办公。

整个三楼只有朋友一家公司办公，每天进进出出，倒也方便。但是这种情况只持续了三个多月，五一节前，楼主在报上登出房屋租赁广告，广告一刊出，三楼就变得热闹起来，进进出出的人很多，都是来看房子的。朋友也并没在意，因为别人租房和他无关。接着，就到五一节了，朋友关了公司，外出度假去了。节后休假回来一上班，楼主就来找他，态度诚恳，和他商量："有一家公司想要租用一整层楼，现在三层只有你们一家公司，四层正好倒出一个空房间，而且装修过，比三层好，所以想让你们搬到四层。你可以先去看看房间。"

朋友听了，感到有些突然，本没打算搬家，但是看到人家态度诚恳，又不好拒绝，就答应上楼看看房间再说。四层看上去比三层好，房间装修过，但是面积大，有100平方米。朋友心想："房间不错，不如就答应搬上来，把三层倒出来让他租给别人。这样大家都好。"

想不到朋友还没开口，楼主却先说了话："这个房间比你楼下的大，我派人从柱子那隔开，这样这个房间和你楼下的面积一样。"

朋友听了，很不高兴，心想："一样的面积，我为什么要搬？三层那间办公室本来已经租给我了，你无权再整层出租。"于是，朋友微微一笑，说："我决定不搬了。"说完，一扭头下楼了。

过了两天，楼主又下楼找朋友，态度更加诚恳："我知道，我们无权让你搬走。但是，你知道现在房子不好租，我们打了几期广告，好不容易才找到租户，而且要一整层。所以请你帮帮忙，就算我求你了，你搬上去，房间我也不隔开了，都给你用，多出的面积今年内不算租金，明年按面积增加。你看这样行不行？"

朋友摇摇头："不行，我是按照我的预算租下这间办公室的，不想有改变，如果改变，那也一定是按照我的意愿，而不是别人强加给我的。"

一个星期后，楼主第三次下来，找到我的朋友，此时，他已经知道，仅有态度是不够的，忍痛做出最后让步："如果你愿意，四层那个房间整个都给你用，两年内房租按原来的数目收缴，搬家的人力、费用由我们公司出。"

朋友听了，微笑着点点头，说："我可以答应你，我知道，你已经为此付出了代价，如果我拒绝，你的损失会更大。所以你看，每一种改变都要付出代价。从一开始，你就应该知道。那样，我们也不会拖到今天。"

接下来发生的事，不难预料：双方签订了一份补充合同，第二天，朋友就搬到四层办公。但是，接下来发生的事，却大大出乎意料，谁也没想到：原先想租用三层的那家公司，因为等不及，在朋友搬家的那天，选定了在别处的一层写字楼。

每一种改变都需要付出代价，你可以少付代价，但是不可能不付。如果你想不付一点代价，结果往往会付出更大的代价。

人生不需要太多行李

这是许多年前我读到的一个真实的故事，人名和地名也许记不太准了，但是至今仍清晰地记得其中的一段感人的情节，仍被故事中的主人公深深地感动。

大卫是纽约一家报社的记者，工作的缘故，他经常去外地，满世界地跑新闻。那天，他又要赴外地采访，像往常一样，他收拾好行李，一共三件：一个大皮箱装了几件衬衣、几条领带和一套讲究的晚礼服，一个小皮箱装采访用的照相机、笔记本和几本工具书，还有一个小皮包装些出门必备的剃须刀之类的随身用品。然后他像往常一样和妻子匆匆告别就奔向机场。

到了机场，工作人员通知，他要搭乘的飞机因故不能起飞，他只好换乘下一班飞机。在机场等了两个多小时，他才终于乘上飞机。飞机起飞后，他像往常一样开始计划到达目的地后的行程安排，利用短暂的时间做好采访前的准备。正当他绞尽脑汁地投入工作时，突然飞机剧烈地震荡了一下，接着又是几下震荡。他头脑里第一个反应是：遇到故障了。广播里，空姐告诉大家系好安全带，飞机只是遇到气流，一会儿就好了。大卫靠在座椅上，也许是出于职业的敏感，他从刚才的震荡中意识到飞机遇到的麻烦不像空姐说的那么简单。果然，飞机又连续几次震荡，而且越来越剧烈。广播里传来空姐的声音，这次其他乘务员也全部站在机舱里，告诉大家飞机出了故障，已经和机场取得了联系，设法安全返回。但现在飞机正在下落，为了安全起见，乘务员要求乘客把行李扔下去，以减轻飞机的重量。大卫把自己的大皮箱从行李架上取下来，交给乘务员扔了出去，随后又把随身带的小皮包扔了出去。飞机还在下落，大卫犹豫片刻才把小皮箱取下扔了出去。这时飞机下落速度减小了，但依然在下落，机上的乘客骚动起来，婴儿开始哭叫，几个女人也在哭泣。大卫深深地吸口气，尽量使自己保持平静，但想起了妻子，早晨告别时太匆忙了，只是匆匆地吻了她一下，假如他们就此永别这将是他终生的遗憾。他摸了摸身上所有的口袋，把身上的皮夹、钢笔、小笔记本都掏出来，从本上撕下一张纸，匆匆给妻子写下简短的遗书："亲爱的，如果我走了，请别太悲伤。我在一个月前刚买了一份意外保险，放在书架上第一层那几本新书的夹页里，我还没来得及告诉你，没想到这么快就会用上。如果我出了意外，你从我身上发现这张纸条，就能找到那张保险单，我想它会帮你付一些账单的。原谅我，不能继续爱你。好好保重，爱你的大卫。"

大卫写完，把纸条叠好放进贴身口袋里，然后便把笔和本——他身上剩下的最后两样东西一起扔了出去。他以最大的毅力驱除内心的恐惧，帮助机上的工作人员安慰那些因恐惧而恸哭的妇女和儿童，帮着大家穿救生衣，告诉人们不要害怕，在关键时刻越是冷静危险就越小，生还的可能性就越大。机长宣布准备迫降，广播里广播着乘客在降落时要注意的事项。最后的时刻终于到了，大卫闭上眼睛，在一阵刺耳的尖叫混合着巨大的轰隆声中，大卫感到一阵剧烈的撞击，他痛苦地在心中和妻子、亲友做最后的告别。不知过了多长时间，大卫睁开眼睛，发现周围一片哭喊，发现自己还活着。他一下跳了起来，眼前的一切惨不忍睹，有的倒在地上，有的在流血，在痛苦地呻吟，他连忙加入到救助伤员的队伍中去。当他妻子从机场上哭着向他奔来时，他怀里抱着不知道是谁的孩子、贴身口袋里揣着写给妻子的小纸条和妻子紧紧地拥抱在一起。这一回，他深深地吻着早晨刚刚别离却仿佛别了一世的妻子。

机上的乘客只有三分之一生还，而大卫竟毫发无损，真是奇迹。当然他损失了三件行李，损失了一次采访到好新闻的机会，不过他自己倒上了纽约各大报纸的头版。

其实，许多时候人生并不需要太多的行李，只要一样就够了：爱。

给生命一个出口

这是一个真实的故事，这个故事，让我第一次读懂了音乐和人生。

那一年，她29岁。29岁，对别人来说，还很年轻，可是对她来说，却好像经历了一个世纪那样长，她曾经问过自己的母亲：“妈妈，你怀我的时候，是不是遇到过什么恶魔，要不然，为什么会有这么多的灾难，都落在我的头上？”

小时候，因为家里穷，她十几岁就出工干活，上山背石头，几十斤重的大石头压得她的腰都变了形。结婚后第二个月，她发现丈夫精神有些不正常，想离婚可是发现自己已经怀孕了。生完孩子第七天，她中暑晕倒，醒后手脚肿胀不能动，四处求医，每日咬牙忍痛锻炼，自己的病情刚刚好，丈夫又发病入院，经诊断被正式确诊为精神病，她当时一头就倒在医院的水泥地上。丈夫住进精神病院，治了半年病情好转回家，可是不久又发病，一发病就拿棍子打她，没办法，只好又送他进精神病院。为了给他支付昂贵的医疗费，她每天早晨3点起床，外出做工，晚上10点多回家，两头看不到太阳。夜里，她常常一个人蒙在被子里哭。可是，就这样，上帝好像还嫌她受的难不够多，在她回家的路上，一辆汽车从后面把她撞飞出去几米远，前排牙齿全部撞掉了，浑身摔得血肉模糊，幸好头部在倒地的瞬间，被身上的背包垫了一下，才保住了一条命。

她在医院里昏迷了两天，不省人事，直到第三天早晨醒来，感到全身刺痛，睁开眼看到自己身上缠满了纱布。她想起发生的事，想起住在精神病院的丈夫，想起家里年幼的儿子。她绝望了！于是，她想到了死，和死的方式。

好友来看她，看到她脸上绝望的表情，立刻明白了她心里想什么。可是好友知道，此时任何语言都无法留住她，她遭遇的苦难太深重了。好友想了又想，然后去给她买了一个最好的随身听、一副耳机和几盘贝多芬的磁带，对她说：“听音乐吧！也许，只有音乐能救你了！”

她躺在床上，打开音乐。立刻，耳边响起那雄浑的《命运交响曲》。“当当当，当当当！”她闭着眼睛，用心听，想从里面寻找重生的力量。音乐，快乐时入耳，悲伤时入心。她闭上眼睛，用心听着。随着那激昂的旋律，她的心在激荡，那笨重的石头、举起的棍棒、急驶而来的车轮，交替轮换出现在她眼前，怨、痛、恨交织在一起，向她涌来。

她关掉音乐，摇摇头，对女友说：“不行。《命运》救不了我。”

“为什么？很多人悲伤痛苦时都听贝多芬的《命运》。”

“可是对我不好用，太硬了，越听越悲愤，越躁动。你还是给我拿柔一点的听吧！”

于是，女友给了她莫扎特。

晚上，人们都入睡了，医院里静悄悄的，月光从窗子倾泄下来，映在白色的床单上。她打开音乐。于是，轻柔美妙的音乐在她耳边流淌，慢慢包围了她，她的眼前闪出蓝天和白云，天那么蓝，她感觉自己慢慢变成一朵白云，自由自在地飘着。她听到了美妙的天籁般的声音。她感到她心底那个坚硬的东西一点点瓦解。

那一瞬间，她知道自己已经爱上了莫扎特和他的音乐。他的音乐中含有一些不可思议的东西。她不知道它们是怎样构成的、向什么地方发展以及怎样达到目的，但莫扎特的纯净的甜美的声音，他的平静的优雅，给她生命中带来这样一个时刻：关在黑暗中绝望的她突然间看到了一个闪着微弱亮光的出口，她慢慢靠近过去，于是，她生命中所有的痛苦、磨难就从这里走出去了。

人生，就是含辛茹苦，每个生命，都有痛苦和磨难，只不过有的人少一点，有的人多一些，多得快要承受不住了，就会想到死。那些屡遭苦难而依然顽强地活着的人，他的顽强，是因为他为自己的苦难找到了一个出口。

生命线

朋友带我去拜访一位长者，他今年60岁，刚从工作岗位上退下来。此前，他一直担任美国一家著名跨国企业的亚洲地区顾问。他虽然60岁了，可是谈起话来，思维敏捷，我这个小他半截的人的思路有时都跟不上。谈话间，大家一致称赞他知识广博，思维超前，对很多事情的预测特别准。我便笑着请他给我预测一下我的人生。他问我："想预测哪方面的？"我想了想，伸出手掌给他看："很多人都说我的生命线长，说我会长寿，能活到100岁！您给看看，是这样吗？"

长者看了一眼我的手掌，没有说是也没说不是，而是反问我："你知道构成我们人体组织的最小单位是什么吗？""细胞。"我说。他看了我一眼，说："不对，细胞还可以再分，构成人体组织的最小单位是DNA。目前，生物学家已破解的DNA组合可达两亿，你知道按此推算，人的寿命应该是多少吗？告诉你，1200岁！”

我不禁大吃一惊，不解地问：“那么，为什么我们大部分人却活不到100岁？”

“因为有折损。我们每天说话、工作、思维，每时每刻都在消耗生命中的DNA，使我们达不到生命应有的长度。”

“那就是说，如果我们每天什么也不做，一点儿也不消耗DNA，就可以活到1200岁了！”

“理论上是这样的，但现实中做不到。因为活着就要消耗，即使不工作，吃饭、睡觉也要消耗。这是维持生命最基本的成本。”

啊！我听了，不禁倒吸一口气，以前，只想到维持生命需要好的衣食、住房以及新鲜空气、纯净水和更多的钱，却从未想过：生命中最基本的成本就是消耗我们生命自身的DNA，也就是说：维持我们现有的生命，是以牺牲我们未来的生命为代价的！如果按我们活到100岁计算，那么，被我们牺牲掉的生命就是1100岁，1比11，这成本也太昂贵了！

“所以，按照被消耗掉的DNA计算，像杨振宁、钱三强、李四光这些伟大著名的科学家，他们所取得的成就应该是正常的，并不是他们多么伟大，而是我们无能。其实，我们平常人也完全能做到的，但是，我们却没有做到。我们没有做到，我们就应该比他们少消耗许多DNA，比他们长寿。按此推算，我们普通人，每个人都应该活到200岁以上。”长者侃侃而谈，声音低沉而有力。

“可是，我们并没有活到那么长？甚至，我们比他们活得更短！这是为什么？”我更加迷惑不解。

“那么，答案只有一个。这就是：我们和他们消耗了同样的DNA，甚至比他们消耗了更多的DNA，只不过，我们没有把它们投入到有收益的事业中去，而是投到其他方面，比如说：闲聊、争吵、猜疑、生气、愤怒、哭泣，这些不会产生一分钱的收益，却消耗同样多的甚至是几倍多的DNA！我们的生命线就这样被它们缩短了！”

我久久无语。

以后，每次翻开手掌，看掌心中的生命线，我都会忍不住想起长者的话，想到我们那被缩短的生命，心里好像有一万句话，却一句也说不出来。

征服自己

一位朋友酷爱登山，除了工作，他把自己的大部分时间和精力都投入登山中，当然，还投入了大量的金钱。为此，妻子离他而去。后来，我们又给他介绍女友，他第一句话就是：“她能接受我登山吗？”

对此，我十分不解：“登山真的那么重要吗？为什么一定要登山？”

他看看我，摇摇头，说：“我也不知道为什么。就像你真正地爱一个人，找不出一个理由。如果你一定要问我为什么，我只能说：因为山在那里。”

“登山是一种什么感觉？快乐吗？”

他苦笑着摇摇头：“登山的过程非常苦，而且非常危险。有时候一边往上攀登，一边在心里骂自己：这是干什么呀？自讨苦吃！今年五一节，我去拉萨登山，快登顶时，有一个陡坡非常危险，一只脚踩空了差一点儿掉下来，掉下来就没命了！登顶后下山回营地休息，第二天返程。就在机场准备登机时，我接到中国登山队打来的电话，告诉我有几位队员在攀登青海省境内的玉珠峰时相继遇险，问我能不能赶去救援。我当时拿着电话没说话，说心里话，我真不想去，因为刚刚登顶，体力几乎消耗尽了，精神也松懈了，但是我犹豫了一会儿，还是说：‘好，我去！’我迅速调整好自己的心理、体力，赶到玉珠峰参加救援。当时山上天气非常恶劣，一百米的路，走了三个小时，我们用了三天时间才找到一名遇难者的遗体，当时看着他躺在雪地里，我的眼泪一下就掉下来了。我当时就想，也许有一天躺在那儿的就是我。登山就是这样，每时每刻都有生命危险，每一次起程，就可能踏上不归路。可是，所有这一切，在登顶的一瞬间，全忘了，留下的都是快乐！”

“征服的快乐？”

“对，征服的快乐。”

“那么，到现在，你已经登了那么多山，征服了那么多山，这些快乐还不够吗？你还要继续征服多少座山才肯罢手？”

朋友看着我，连连摇头：“错了，错了。登山，不是去征服大山，如果你一边登山，一边想着我要来征服你，非常可笑，也非常危险，你根本登不上山顶！”

“为什么？不征服山，征服什么？”我有些疑惑不解。

“征服自己。我们每个人，最需要征服的就是自己。只有自己征服自己，才能保证自己不被山征服，才能一路向前，登上山顶！”

“征服自己！”那一刻，我忽然理解了他，也理解了登山的全部意义。

为什么要登山？

因为山在那里。

为什么我要登山？

因为，我在！

空白

他非常喜欢画画，一有时间，就拿起彩笔，在纸上不停地画呀画。家里到处都是他画的画。一天，家里来了一位客人，是父亲请来的朋友，是搞美术的，父亲把他的画给朋友看，朋友看了点点头，说：“嗯，挺有天分的，应该努力往这方面培养。”

于是，父亲就给他买了全套的画具，笔、纸、颜料，给他请了一位美术教师，送他去少年宫美术班学画画。市里每次办画展，父亲都带他去看。每每看到那些著名画家的力作，他总是带着几分羡慕、几分疑惑地喃喃自语：“什么时候我也能画出这样的作品呢？”

他渴望自己成为一名著名的画家，能画出非常美丽感人的画，但是现在，他每天练习素描，只能画最简单的线条，他的笔无法画出他心中想表现的那些画面。有一段时间，他对自己突然失去了信心，每天对着空白画纸，一坐就是几小时，不敢动笔，内心充满了恐惧和一种从未有过的绝望。

看到他这个样子，父亲很为他担心，通过朋友找到他非常崇拜的一位著名画家，希望画家能抽出一点时间，允许他们前去拜访。画家每天忙于作画，不愿意会客，但听说他们的来意，又看他们恳求的态度，就答应了。

按照约定的时间，父亲带他去拜访这位著名画家。他带着十二分的崇敬和几分期待走进画家的画室，墙上挂着画家的几幅作品，其中的几幅非常有名，在美术界享有很高的地位，屋中放着一张很大的桌子，桌上摆着几张空白纸，旁边纸篓里扔着几团画错的废纸。画家看着他，问：“这些画你最喜欢哪一幅？”

他眼睛盯着墙：“这一幅，还有这一幅，这幅也不错，都挺好，我都喜欢。”

“那你想知道我最喜欢哪一幅吗？”画家平静地问。

他看着画家，点点头。画家抬手一指画桌：“我最喜欢这一幅。”

他朝桌上一望，只见上面放着一张洁白的画纸，他看着画家，有些疑惑地说：“这是张白纸，还没画呢！”

“对呀。正因为它是空白的，还没有画，我才可能画出比以往更好的画，才可能超过自己。而这些已经画好的画，不管别人给它们多么高的评价，都已经是过去的事了，都只能代表过去的我。一个真正的画家总是喜欢面对空白画纸，但有时候，也害怕空白画纸。你知道吗？有一段时间，我非常害怕空白画纸，每天坐在空白画纸前，一坐就是几小时，不敢动笔。后来我才明白，那是一种对自己内心深处祈盼已久的东西的一种本能的恐惧。于是，我就强迫自己：每天画完一个空白，不要指望它成为精品，但只要超过昨天就行了。这么多年，我不知道画完多少个空白，才一点点变成今天这样子。几乎每个画家都曾经害怕面对空白画纸，但是，年轻人，你要记住，面对空白画纸也不怕冒风险的才是真正热情的画家！”

许多年后，他终于成为一名画家。儿时的许多事情他都记不得了，但他一直记得那次让他一生受益的拜访。

弹簧人生

大明是同学中公认的才子，大学时就展露才华，表现不凡。我们都预言他将来踏上社会，一定大显身手，成就一番事业。

果然，毕业不久，大明就辞去机关公职，下海经商。凭着他的聪明才智，加上过去的人际关系，我想，用不了多久，他就会成为富甲一方的商界名流。但是，出乎意料，几年过去了，他的公司并没有什么大的发展，可以说业绩平平。这让我们这些早就认定他是绩优股的同窗好友大失所望。

那年回校参加校庆，酒会上，大明喝了不少，看得出，他自己也很苦恼。

“为什么？我有才华，有能力，有人际资源，但总是达不到我期望的高度！”面对一向钟爱他的导师，大明发出感慨。

导师默默地看看他，半晌，说了一句：“也许是因为你没有跌到底吧！”

在场的人都笑了。

原以为是玩笑的一句话，没想到之后不久，就应验了。

大明和香港一家公司签订了一份供货合同，货款刚汇过去，对方却因为和另一家公司的债务纠纷被起诉，陷入一场官司中，因为另一家公司要求诉讼保全，对方账号被冻结，财产也被查封。大明财货两空，损失了一大笔钱。人说祸不单行，没过几天，公司另一笔货款让合作伙伴私自截流，不知去向，又赶上一笔贷款到期，银行天天来催款。一时间，大明四面楚歌，陷入困境。

“那段日子，可真难啊！”事隔两年，大明仍感慨万分，“好几次，我都以为过不去了，可总得想办法过呀！毫不夸张地说，我调动了全身每一个能调动的细胞，竭尽所能地想每一个办法，反复设计研究可行方案，拆借贷款，订货，验货，送货，回款，每一个环节都事必躬亲，不敢有怠慢。我很清楚，我可再赔不起了，稍有闪失，公司就得破产，以后再没有翻身的机会了。前前后后，差不多一年的时间，总算挺过来了。”

从这以后，大明的公司以几何速度发展壮大，短短两年的时间，规模扩大了几倍，超过前八年的总和还多。

这真应了导师那句话。看来，人生就像弹簧，压到底的时候，弹力最大。

价值一亿元的面包

在一次招待酒会上，我认识了一位房地产投资商，攀谈中，我得知他还是我的吉林同乡。我们边吃边聊，谈话间，酒菜已经上全了，服务员又上来最后一道甜点——一盘刚刚烤好、香气扑鼻的精制小面包，看上去很好吃。我轻轻转动餐桌上的玻璃板，把面包盘转到我们前边，然后用手指了指，示意他拿一块。没想到，他一看到盘子里的面包，表情突然凝固了，好像看见了什么可怕的事。过了一会儿，他才醒过来说："对不起，我不吃面包。"

我看看他，凭直觉，我敢肯定这不仅仅是一个饮食习惯的问题，这里面一定有什么故事。出于职业的习惯，我追问他，他沉思片刻，说："我一生犯的最大错误就是决定在这里投资这么大规模的一个房地产项目。你知道是什么原因促使我最终做出这个决定的吗？"

我摇摇头。

"是一块面包，"他看看我，又接着说，"我一直想投资房地产，也考察了许多地方。每到一地，当地的领导总是隆重宴请，山珍海味，十分奢华浪费。更不可思议的是，我这方面，只有一两个人，但是陪同的对方却有十几人，甚至二十几人，我觉得这些人不是能真正做事的人，我不会把巨额资金投到这里。后来，我就来到这个开发新区考察，我觉得这里的地理环境非常好，依山傍海，很适合我们想要做的度假别墅。只是这里太落后了，交通、通信等基础设施太差，所以考察多日，我一直没有下决心。最后，我决定就我所担心的几个问题，再和区长详谈一次。那天，我比约定的时间下午2点早五分钟赶到区政府办公室。区长不在，工作人员告诉我他一大早就下乡布置工作去了，走时说好1点之前赶回来，不知为什么现在还没到。说话间，就听到外面传来一阵急促的摩托车声，然后是一阵脚步声，紧接着，就听咣当一声，区长推门进来了。只见他满身的灰尘，头发让风吹得都站立起来了，上衣扣子也吹开了好几个，他气喘吁吁地摇晃着走过来，拉开一个办公桌的抽屉，关上，再拉开一个，从里面掏了半天，掏出一个面包，也不知道放了几天了，干得都掉渣了！我还以为他找什么呢！他把面包放进嘴里，然后拿起桌上的杯子，一抬头咕噜一下喝了一大口。几乎是一瞬间，他就把那块干得掉渣的面包和那杯不知放了几天的剩水都吞进肚子里。然后，他看着我：'对不起，车坏在半道上了，我走了几里路，拦了一辆摩托车才赶回来。咱们这里刚开发，条件不好，但是我们相信，面包会有的！一切都会有的！我代表我们全区人民，真诚地欢迎您来我们这里投资！'

"那一刻，我被他深深地感动了。一个国家干部，能做到这份儿上，把钱投在这里，我放心！于是，我就在合同上签了字，投资一个亿。"说到这儿，他停下了。

"那么后来呢，他骗了你吗？"我被他所讲的故事深深地吸引住了。

"没有，他人非常好，也非常想做事。可是，我面对的不是他一个人，而是政府各职能部门的一整套陈旧的观念、低劣的办事效率和当地落后的基础设施。这些，使我的整个项目根本无法按计划运作，现在是欲罢不能，欲进又止。弄不好，可能全军覆没！"

我看着他，明白了为什么他刚才看见面包时会是那种表情。

每个人都会瞬间感动，这对我们搞创作的人来说，是一笔财富，但是对于一个决策者，却是致命的弱点。因为它往往会让人偏离理智的轨道，做出错误的决定。

昂贵的便宜

同学大明大学毕业后进了一家大工厂，后来调到团市委，因工作出色又被调到市委组织部，表现很出色，传说不久就要提他当副处。我们几位同学还等着他升迁请客。可不久却传来他下海经商的消息，我们都感到有些奇怪，我几次问他为什么，他都避而不答。最近，他搬入新居，邀我和同学大力去他家里坐坐。

新居十分宽敞，但装饰非常简洁：木质地板，家具古朴，墙壁洁白，除了客厅中沙发对面的墙上挂着一幅油画，整个家没有挂一点多余的装饰用的东西，与我想象的截然不同。我边看边说："不错，简单就是美，感觉很舒服。"

大明看看我，说："我们家以前摆了很多无用的东西，你知道为什么吗？"

我摇摇头。

"因为便宜。"

我一听笑了："我妈妈每次上街一遇到便宜东西就忍不住掏钱

包，可买回家什么用途也没有。我总说她，便宜而无用，其实就是昂贵。其实她也明白，也说以后再也不贪便宜了。可下回遇到，她还是忍不住买。”

“昂贵的便宜。”大明给我们杯里倒满茶，抬头望着墙上那幅油画，脸上掠过一丝不易察觉的奇怪的表情，“你们不是一直想知道我为什么下海经商吗？今天告诉你们吧，其实就是因为这幅画。”

我和大力有些不解地看着他。他喝了口茶，眼睛依然望着那幅画：“你们记不记得那年，我随一个考察团去俄罗斯？那次我们去了七天，临回来的前一天，翻译带我们去购物。我买了几件工艺品，后来我们又去了当地有名的一家画室，那里面全是俄罗斯一位著名画家的油画，我一看标价，非常便宜，翻译告诉我们：‘油画是要报关的，加上关税，就不便宜了。但是一般情况下，海关也不怎么检查。’团里有两位买了两幅，我犹豫了一会儿，就买了这幅油画。

“回去的路上，我一直担心。大家都说没事，不要紧张，越紧张越出事。下了飞机，我的腿有些发抖，看见穿制服的人就紧张害怕低头，到了关口，我自己都感到自己十分不正常，呼吸急促，脸色可能都变了。海关人员看看我，把我带的每个包都翻个遍，翻出了那幅油画。我按规定补交了关税，又交了罚款。但是事情并没有到此结束。这件事很快就在市委传开了。我的竞争对手到处散布说这样的人怎么能提呢？这期间提拔我的报告已经批了，但一直没有下发。领导找我谈话，我写了检查，我的政治生涯就此结束了。

“其实，我并不十分喜欢画，买它，只是因为便宜。”

我看看他，把视线慢慢转到墙上挂着的那幅油画，那是一幅美丽的风景画：蓝色的大海上，涌起层层白色的波涛，一只小船孤独地航行在茫茫的海面上。

自己的光

一位著名作家来我们滨城签名售书，并到大学做演讲，朋友约我一起去听。我们到的时候，离演讲还有20分钟，礼堂外面早已聚满了人，学生们手里拿着这位作家的书，排队往里进。还有一些学生站在外面，急慌慌的，看样子是没有票。我和朋友正往里走，一位女生突然拉住我的衣袖，一脸真诚：“老师，我是他的忠实读者，您能不能把我带进去？”

我摇摇头，看她失望的样子，心里有些不是滋味。等进去一看，我心里更不是滋味了。能容纳千人的礼堂座无虚席，黑压压一片，后面和两边的过道上也站满了人。墙上悬挂着巨幅标语。我忍不住感慨：同样是写文章，看人家多风光，什么时候自己能像他那样就好了！

我们绕到主席台最后边的通道，想找一个好位置，等作家进来的时候好拍照。我们顺着通道往前走，一低头，发现通道旁一个侧门，里面是一个过道，黑乎乎的，不知通向哪。我看看表，离演讲还有一点时间，就推门进去，看看这里通向哪。走了一会儿，发现前面有一个身影，我吓了一跳，借着过道里幽暗的灯光一看，我愣了：这不就是今天晚上来演讲的那个大名鼎鼎的作家吗？他怎么在这里？

他大概看出我的疑惑，主动地和我打招呼，解释说："我每天写作之前，习惯于在黑暗中待一会儿，静静地思考，写作的时候，也喜欢让灯光暗一些，久而久之，我已经不习惯礼堂里那样明亮的灯光了！"

他低沉平和的声音，穿过有些黑暗的过道，传进我的耳朵。我怕打扰他，悄悄地退出去。

当这位著名作家走上主席台时，全场传来雷鸣般的掌声，场内近千名学生激动之下站起来，近千双眼睛一起看向主席台，翘望他的光芒！

我静静地站在一角，想着刚才在过道里的那一幕。许多时候，我们喜欢翘望别人的光芒，却不曾想过：他今天的光芒，是因为昨天他曾孤独地待在黑暗里。佛陀说：每个人都应该成为自己的光。与其羡慕别人的光芒，不如待在黑暗中，一点一滴，聚集自己的光。

生命的背篓

最近比较烦，先是传言8月18日地球大爆炸，接着又传出本市要地震，有的居委会已通知居民家里准备些方便面。对此我并不十分在意。谁知到了17日，电话一个接一个打来，都是平日来往密切来向我探听或核实消息的，快下班时我又接到表哥打来的电话，他告诉我今晚午夜时分将发生7到8级地震，部队已经下达抗震救灾令，他要我晚上和他一起去市郊他同学家避一避。给他这么一说，本不平静的心更乱了起来。几天前老公出国考察去了，父母都远在老家，身边没有别的亲人。我告诉表哥半小时后在我家楼下等我，我回家拿点东西就和他走。

我匆匆回到家，趴到床底下找出出门时用的旅行包，站在屋中央，环视周围，想想应该带些什么。第一眼投向写字台中间那个带锁的抽屉，那里放着家里最贵重的东西：存折、首饰，还有些现金。但是仔细一想觉得可笑：既然要地震了，带这些只是地上有用的东西又有什么用？当初就该都把它们消费掉。正在犹豫之间，楼下响起汽车喇叭声，我趴在窗台往下望，表哥在朝我挥手。情急之中，我猛然想起在一本旧杂志上看到的关于生存自救的一篇文章，其中介绍如果遇到地震、失火等灾难被困住时，生存最重要的条件是空气、水和盐，然后才是食物和其他。如果没有空气，人连半天都活不下去，几分钟之内就会窒息而死；如果没有水，人靠自身的水分，能活五至七天；如果有足够的水但没有盐和食物，人能坚持活15天左右；如果有盐，人就可以活更多天。想到这，我冲到厨房，把地上所有的矿泉水瓶都装满了水，整整装了五大瓶，装进背包。然后我又打开冰箱，把里面的一小袋盐和几袋方便面统统拿出来，装进背包。这时，门外响起急促的敲门声。“快点，你在这磨蹭什么？”

“拿点东西，留万一用。”我打开房门。

“这些东西我都带了，”表哥翻看着我的包，“你拿点药，万一我们谁不幸受伤了，还可以应付一下。别忘了拿电话，如果有事，我们好和外边联系。快点。”

我来不及清理，索性把装药的大盒子放在背包里，又从衣柜里拿了件厚毛衣，然后环视了一下这个坐落在地球上的小小空间，就背起背包，转身关上了房门。

表哥开车载着我还有他相恋多年的女友向市郊方向行驶，到了市郊他同学家。他不让我们进屋，在院里的葡萄架搭个地方坐下。我拿出电话，往家里给父母打，听着父母的声音，只想哭，又不敢，就忍着，不敢和父母多说什么，讲了一会儿，就把电话挂了。外面不时传来汽车的行驶声和狗叫声，原本安静的村庄变得不再安静。

月亮慢慢升起来了，表哥不时地看表，我抱紧了自己怀里的背包。午夜时分终于到了，但是，什么也没发生，我们却一直坐着，直到天亮。表哥不好意思地拍拍后脑勺，开车顺原路把我送回家。下车时，我要拿包，表哥说：“包就放在车里吧，这几天如果再有事，我再拉你走。”说着，他也下了车，打开汽车后边的行李箱，把我们两个的包都放了进去。放完包，转身上车时，他说了一句让我一辈子忘不了的话：“其实，如果真的发生地震，这里面装的东西根本救不了我们，但是我们还是要带着，因为它装的不只是几样东西，而是让我们活下去的希望，这才是真正能救我们的。”

请上二楼

那年，我走出校门踏入社会，怀着极大的热情和梦想，对生活和未来充满希望。可是，一段时间之后，我发现，现实和我想象的完全不一样，几乎每一件事情，总是开始得太仓促，发展得太缓慢，结束得太不圆满，都离我的要求相差甚远。我开始怀疑自己，对自己越来越失望。那段时间，我痛苦极了，好友知道了，建议我去看心理医生。

好友带我去了离市中心不远的一个二层小楼，一进门，是一楼大厅，非常普通，没有什么特征，唯一不同的是大厅中间有一道楼梯，设计很别致，旋转成一个S形，通向二楼。我忍不住抬头往二楼看了看，但是看不到什么。诊所在一楼，拐弯处第一个门，我们敲门进去，里面坐着一个戴眼镜的中年男人，想必他就是心理医生了！

我在他对面坐下，讲我遇到的事，我的苦恼，讲了能有一个小时，他静静地听，什么也不说。等我讲完，他看看我，问："你刚才进来前，在想什么？"

我实话实说："我刚才一进来时想：二楼挺好的，诊所为什么不设在二楼而设在一楼？"

他笑笑，说："好，你现在上二楼去看看吧。"

我有些莫名其妙，看看他，转身出去上二楼。等我回到诊所，他又问："怎么样？"

我点点头："挺好的，比一楼装修好，阳光也好。"

"你怎么上去的？"他继续问。

"走上去的。"

"怎么走上去的？"他跟着追问。

我看着他，有点儿不耐烦："能怎么走？一步一个楼梯走上去的！"

"对，一步一个楼梯走上去的！任何事物都是这样，边体验，边完善，边前进，一步一个楼梯地走。可是你想省略这些过程，想一步或者两步就跨上去，能做到吗？"

我不好意思地笑了。

以后的日子，每做一件事，我都会忍不住想起那位心理医生说的话："请上二楼。"一句简单的话，却让我明白一个非常重要的人生道理：人生如爬楼，无论你想上几楼，都要从最底层开始，一步一个楼梯地往上走！

别抱怨塞车

那年我离开学校，去了一家报社做编辑、记者。第一次独立采访，是去采访一位爱岗敬业的女劳模。我匆匆地准备了一下就去了。那位女劳模是山东人，乡音极重，人又不爱说话，问一句，半天才答一句，而且我还听不太懂。但我急于想完成任务，就要了一大堆材料回单位了。回到单位，我一边看材料，一边发挥想象，拟就一篇人物通讯，急忙交上去了。可还不到十分钟，就被退回来了。我心里不服，在办公室里发牢骚：这种劳模题材的通讯本来就不好写，况且被采访人又不善言谈，怎么可能写得生动！看看表，快要下班了，我把稿往包里一塞，准备回家再加加工，明天好交差。

离开报社，我坐在哐哐作响的电车上，被人挤来挤去的，心里烦透了，在心里抱怨：报社连个班车都没有，五六个人挤在一间办公室里，第一篇稿就被退，这些把我初为记者时的豪情冲得了无踪影。我带着一肚子怨气盼着车快到站，可好像是有意和我作对似的，电车越来越慢，最后竟停了，不知是哪路人马又在施工，好好的路挖得支离破碎，一长串的车都被堵住了。车上的人不断地发牢骚，有的干脆骂娘。我心烦意乱地环顾四周，发现同事张君正在旁边不远处望着窗外的景色沉思。我喊了他一声，他没听见，我站起来伸手捅了他一下，他像醒过神来似的不好意思地说：“昨天写的稿结尾处不够切题，赶上塞车正好琢磨琢磨。”我说：“我的稿也没弄好，现在心烦没法构思。”张君说：“遇上塞车谁都会烦，可烦呀、抱怨呀都不解决问题。要想解决问题只有两条路：要么换趟车多走些路，要么给自己找点事做。”

他这么一说，我开始冷静下来：稿子被枪毙了，我只会抱怨外界因素，而外界因素是不能改变的，至少在短期内不会改变，能够改变的只有我这个主体。从一开始，我就没有认真对待这次采访，没有做好采访前的准备，不深入了解采访对象，因此采访本身就是失败的。这样一想，心里的怨气就没了。晚上，我认真地准备采访提纲。第二天，我先去资料室查阅了大量的有关资料，又去女劳模单位从她的同事们那里了解她，然后，才对她本人进行采访。由于做了充分准备，我们的谈话非常融洽，她说到动情处，泪水夺眶而出。我被深深地感动了。回来后我重新构思写就一篇人物通讯，稿子很快就刊发了，而且还收到了许多读者来信。同事问我，怎么前后相差这么大？我想了想，回答说：因为塞车。

年轻时我们都曾满怀梦想，充满激情，但人生的旅途，并不像我们想象和期望的那样顺达、通畅，也会有塞车的时候，遇到塞车，许多人只会抱怨，其实抱怨是最简单最无能的表现方式，它无疑是在告诉别人：你不行，你束手无策。而有的人会多走些路，多思考些问题，以积极的心态来对待。在人生旅程中，那些走在前面的成功者并不是没有遇到塞车，只是不抱怨塞车罢了。

凌晨两点

服装节是滨城最大的节日，每逢此时，许多单位都比平时格外忙。那年服装节开幕前一天，我和单位同事一起忙着出会刊，做好了忙通宵的准备，打电话告诉家人不回去了。也许是心情好，工作效率高，等把手头的工作全部做完，看看表，差一刻钟凌晨两点。同事高兴地说："我们还可以睡一觉，你睡沙发，我睡办公桌。"我们起来，把沙发支上，办公桌凑在一起，和衣躺下，可翻来覆去，怎么也睡不着。折腾了半天，同事说："我们还是起来吧。"于是，我们又坐起来，两个人大眼瞪小眼。干什么呢？打扑克？没劲。聊天吧，聊什么？同事就说："要不就打电话吧。"我看看表，正好凌晨两点，这正是人们做梦的好时候。同事看了看我，露出一种神秘的怪笑："你要是恨谁，就打给谁！"

我翻开记忆的单页，找寻那些曾伤害过我、让我痛苦、让我恨、让我记着要报仇要清算的名字，可是曾经那么刻骨铭心的名字如今却变得十分模糊了，不知是岁月的冲刷，还是记忆的衰退，我曾经牢牢记恨在心、耽误了我三年美好青春的老校长，此刻我甚至叫不出他的名字了。可当时那三个字我曾在心里诅咒过千百次啊！当初刚参加工作的我，不习惯也不喜欢学校单调枯燥的教学工作，一心想出去看看外面世界的繁华与精彩，联系好了单位可是校长就是不放人，把我的档案锁在柜里，对着我大声吼："只要我在，你别想从这里拿出去！”气得我真想照他的亮脑门上来一下。在很长一段时间里，他一直是我心中最大的敌人，我在教学之余，拼命学外语、学电脑、学写作，学习一切新知识、新技能，就是想着有朝一日我一定要到外面去，好好干一番事业。如今，历经磨难，我终于坐在我自己喜欢的位置上了，整天东奔西跑，忙得四脚朝天，早把他忘在了脑后。直到有一天，我领着女儿在公园游玩偶然遇到他，先是愣了一下，然后就像遇到其他熟人一样习惯性地点点头：“您好，今天休息啊？”

“我呀，天天休息了！”

“怎么，退了？您到60了吗？”我望望他的亮脑门，因为头发稀少显得更亮了。

“到了，62了，确切地说是61.5岁。”

他一句话，把我逗乐了，不愧是数学老师出身。他主动说起当年，学校老师流失严重，作为一校之长，他也是身不由己。他这么一说，倒轮到我不好意思了，我连忙说：“没关系，阻力也是动力，太容易得到的东西不会太珍惜。”我给了他一张名片，他也给我留下了家里的电话。然后我们又闲聊了一会儿就告辞了。望着他远去的背影，我不由得想：人生多少事，都付笑谈中。

当年年轻的我，曾想过无数能气他、伤他、害他的办法，如今我连一个也想不起来了。即使想起来我还会付诸实施吗？我会在凌晨两点让一个61.5岁的老人失去睡梦中的安宁吗？

同事望着沉思中的我，又露出那种神秘的怪笑：“那么，找一个你最爱的人，打给他吧。”

一句话，又把我的记忆翻到了双页，这里面满载着我生命中最大的财富，我的父母、亲人、同学、老师、朋友，生命因为他们而充满生机，美丽怡人。平时，他们分散在世界各地奔波忙碌，此时，都一股脑儿地躺在温暖的床上，睡在甜蜜的梦乡，虽然我们心存爱戴、彼此关怀，虽然我们彼此信任、坦露情怀，但我能在凌晨两点钟拨响他们床头的电话吗？假如我遇到麻烦遭遇坏人需要帮助，我相信他们会毫不犹豫地冲过来，但是我没有，我只是有点儿孤独，有点儿寂寞，只是想听听他们的声音，这些都不能成为把他们从醒梦中惊醒的缘由。如果我真的那样做了，他们一定会觉得怪怪的，说上几句，然后又去睡觉，但很可能睡不着，于是就会骂我。

桌上红色的电话机就这么安静地躺着，它和人一样，白天叫唤，晚上睡觉。

生命中有一些时刻必须是我们独自去度过的，独来独往，独睡独醒，独生独死。没有人会永远地陪伴着你，不论是你的敌人，亲人，还是朋友。

人生有五枚金币

5月的一天，我正在旅顺和朋友一起办事，听说陈家村有三位渔民因为船的机器出了故障，在海上漂了七天六夜，船上什么吃的都没有，村里的人都以为他们死了，谁也没想到他们活着回来了。我听了，连忙赶去采访。

三位渔民的脸晒得黑红，坐在我们面前，讲述着曾经发生的故事，面带笑容，语气平淡，好像不是他们亲历而是发生在别人身上似的。

“你们开始的时候想到会漂七天吗？”

“没有，我们想再坚持一天，明天就会有人来救我们。如果一开始就知道要等七天，受这么多罪，我们可能会受不住。”一位年纪较大的渔民说，他是这艘船的主人。

“第六天下午，我觉得自己坚持不住了，喝进去的海水在胃里翻腾，难受死了，就在这时候我们听见了马达声，看见有一条船朝我们开来，我们三人趴在船上喊救命，可是当船驶近的时候，船上的人却冲我们说：‘你们慢慢漂吧。’我绝望地趴在船帮上想跳海自杀，是他救了我。”年纪较小的帮工感激地指着船主说。

船主不好意思地摸摸后脑勺：“其实也没什么，我只是给他们讲了一个五枚金币的故事。

“小时候，我生活在内蒙古草原，有一次，我和爸爸在草原上迷了路，我又累又怕，到最后快走不动了。爸爸就哄我，他从兜里掏出五枚硬币，把一枚硬币埋在草地里，把其余四枚放在我的手上，说：‘人生有五枚金币，童年、少年、青年、中年、老年各有一枚，你现在才用了一枚，就是埋在草原上的那一枚，你不能把五枚都扔在草原，你要一点点地用，每一次都用出不同来，这样才不枉人生一世。今天我们一定要走出草原，你将来也一定要走出草原，世界很大，人活着，就要多走些地方，多看看。不要让你的金币没用就扔掉。'

"我们走了一天一夜，终于走出了草原。我一直记得那天父亲说过的话，也一直保存着那四枚硬币。25岁的时候，我从电视上看到大海，我把第二枚硬币埋在草原，带着其余的三枚硬币一个人乘车来到大连旅顺，当了一名水手。今年是我来海上的第九个年头了，我刚刚用攒下的钱买下这艘12马力的新木船，我一生的梦想，是能拥有一艘可以远洋的100马力以上的铁船。我们还年轻，我们还有人生的三枚金币，我们不能就这么把它们都扔到大海里。我们一定要活着回去！从我讲这个故事到我们被救，才十几个小时。我们真的活着回来了。"

海上漂泊七天六夜，他们喝海水，吃鱼饵，忍受着肉体和精神上的双重痛苦，直到现在他们因为海水中毒而全身浮肿，胃出血，脚溃烂，但他们坐在我们面前，面带笑容，语气平淡。对他们来说，所有的灾难都已成为过去，重要的是他们还活着，还拥有人生的三枚金币，这比什么都重要。

第二章 成功法则

人生自有其沉浮，每个人都应该学会忍受生活中属于自己的一份悲伤，只有这样，你才能体会到什么叫作成功。

购买泥土

三个年轻人一同结伴外出，寻求发财机会。他们来到了以盛产苹果著称的辽南地区。在一个偏僻的山镇，他们发现了一种又红又大、味道香甜的苹果。由于地处山区，信息、交通都不发达，这种优质苹果仅在当地销售，售价非常便宜。

第一个年轻人望着这些苹果，双目发亮。他立刻倾其所有，购买了10吨最好的苹果，运回家乡，以比原价高两倍的价格出售。然后他又返回，购买，销售。这样往返数次，他成了家乡第一名万元户。

第二个年轻人望着这些苹果，沉思片刻。他用了一半的钱，购买了100棵最好的苹果树苗，运回家乡，承包了一片山坡，把果苗栽种上。整整三年的时间，他精心看护果树，浇水灌溉，没有一分钱的收入。

第三个年轻人望着这些苹果，凝眸深思。一连几天，他什么也不买，只是围着果园东走走，西看看。最后，他找到果园的主人。

主人问他："你看好哪片苹果？想出多少钱？"

他笑着摇摇头，用手指指果树下面，说："我想买些泥土。"

主人一愣，接着摇摇头说："不，泥土不能卖。卖了还怎么长果？"

他弯起腰在地上捧起满满一捧泥土，恳求说："我只要这一捧。请你卖给我吧，要多少钱都行！"

主人看着他，笑了："好吧，你给一块钱拿走吧。"

他带着这捧泥土，返回家乡，把泥土送到农业科技研究所，化验分析出泥土的各种成分等。然后，他承包了一片荒山坡，用了整整三年的时间，开垦、培育出与那把泥土一样的土壤。然后，他在上面栽种上苹果树苗。

现在，十年过去了。这三位一同结伴外出寻求财路的年轻人的命运迥然不同。第一位购买苹果的年轻人现在每年依然还要去购买苹果，运回来销售，但是因为当地的信息和交通已经发达，竞争者太多，所以每年赚的钱很少，有时甚至不赚或者赔钱。第二位购买树苗的年轻人早已拥有自己的果园，但是因为土壤的不同，长出来的苹果较之有些逊色，但是仍然可以赚到相当的利润。第三位购买泥土的年轻人，也是最后拥有并收获苹果的人，他种植的苹果果大味美，和原来的苹果不相上下，每年秋天引来无数购买者，总能卖到最好的价格。

其实，这样的结果也很公平，在单位时间内，最先赚到钱的人赚钱最多，但是把时间放大，排序往往相反。

你被解雇了

这一天，49岁的伯尼·马库斯像往常一样，拎着心爱的公文包去公司上班。在20多年的职业生涯中，他勤勤恳恳，兢兢业业，才坐到今天职业经理人的位置上，其中充满了艰辛困苦。他只要再这样工作11年，就可以安安稳稳地拿到退休金了。可是，他万万没有想到，这将是他在公司工作的最后一天。

“你被解雇了。”

“为什么？我犯了什么错？”他惊讶、疑惑地问。

“不，你没有过错，公司发展不景气，董事会决定裁员，仅此而已。”

是的，仅此而已。他在一夜之间，从一名受人尊敬的公司经理，变成了一名在街头流浪的失业者。

和所有的失业者一样，繁重的家庭开支迫使伯尼·马库斯必须找到生活来源。那段日子，他常常去洛杉矶一家街头咖啡店，一坐就是几小时，化解内心的痛苦、迷茫和巨大的精神压力。

有一天，他遇到了自己的老朋友——和他一样同是职业经理人现在也同样遭到解雇的亚瑟·布兰克。两个人互相安慰，一起寻求解决的办法。

“为什么我们不自己创办一家公司呢？”

这个念头像火苗一样，在伯尼·马库斯心中一闪，点燃了压抑在心中的激情和梦想。于是，两个人就在这间咖啡店里，策划建立新的家居仓储公司。两位失业的经理人为企业制订了一份发展规划和一个“拥有最低价格、最优选择、最好服务”的制胜理念，并制定出使这一优秀理念在企业发展中得以成功实践的一套管理制度，然后就开始着手创办企业。时值1978年春天。这就是后来闻名全球的美国家居仓储公司。他们用了20年的时间，把一家名不见经传的小公司发展成为拥有775家店、15万名员工，年销售额300亿美元的世界500强企业，成为全球零售业发展史中的一个奇迹。

奇迹始于20年前的一句话：你被解雇了！

是的，“你被解雇了”——这是我们每个人在人生旅途中最不愿听到的一句话，但正是这句话，改变了伯尼·马库斯和亚瑟·布兰克两个人一生的命运。如果不是被解雇，他们无论如何也不会想到要创办美国家居仓储公司；如果不是被解雇，他们无论如何也不会拥有跻身世界500强的企业；如果不是被解雇，他们两个现在只是靠每月领退休金度日的垂暮老人。

人生是一次长途旅行，它的美妙之处就是未知，你不知道未来会发生什么。所以，当一扇门对你关上，你千万不要把自己也关在里面。因为世界上不止一扇门，一定还有另一扇门，你要做的就是去寻找并打开这扇门！

省略阳光

一家著名的国际贸易公司高薪招聘业务人员，应聘者众多。在众多的应聘者中，有一位年轻人条件最好，毕业于名牌大学，又有在市外贸公司工作三年的经验，所以他坐在主考官面前时非常自信。

“你在外贸具体做什么？”主考官开始发问。

“做山野菜。”

“哦，做山野菜。那你说说，对业务人员来说，是产品重要，还是客户重要？”

年轻人想了想，说：“客户重要。”

主考官看了看他，又问：“你做山野菜应该知道，山野菜中，蕨菜出口主要是对日本，以前销路非常好，有多少收多少，可是最近几年，日方却不要了。你说说，为什么？”

“因为菜不好。”

“那你说说，为什么不好？”

“嗯，”年轻人停顿了一下，“就是质量不好。”

主考官看了看他，说：“我敢断定，你没有去过产地。”

年轻人看着主考官，沉默了30秒，没有说是，也没有说不是，却反问：“你说说怎么能看出我去没去过？”

“如果你去过，就应该知道为什么菜不好。蕨菜采集的最佳时间只有10天左右，在这期间非常鲜嫩好吃，早了不成，晚了就老了。采好后，要摊开放在地里晾晒一天，第二天翻个身，再晾晒一天，把水分蒸发干，然后再成把捆好，装箱，等食用时放在凉水里浸泡一下就可以了。可是当地农民为了多采多卖，把蕨菜采到家，来不及放在地上用阳光晾晒，而是放在炕上，点火加热，这样只用两个小时就烘干了。这样加工处理的蕨菜，从外表上看哪都一样，可是食用时，不管放在水里怎么泡，都像老树根一样，又老又硬，根本咬不动。日方发现后，对此提出警告，一次，两次，还是如此。结果，人家干脆封杀，再不从我国进口了！”

年轻人听了，不好意思地低下头：“我是没有去过产地。所以也不知道你说的这些事。”

年轻人带着遗憾走出贸易公司的大楼。这位最有希望入选的年轻人，最终没有被录取，这样的结局，他从离开主考官的那一刻，就已经知道了。他非常清楚：像这样著名的国际大公司，是不会录取他这样一个在外贸公司工作三年、整天陪客户吃饭却没有去过一次产地的业务人员的！他就像那些一心想加工速成蕨菜的农民，省略了两天的阳光，但是最终被烘干的却是自己！

扮演成功

那年我大学毕业不久，在一家报社驻外记者站工作。帆是我的上司，当时他才27岁，是报社最年轻的负责人。他的工作方法很与众不同。记得他布置给我的第一个任务是，把资产在千万以上的企业总裁做一个名录给他。

一个星期后，我把帆要的“黑名单”整理好交给他。他逐一研究了一番，锁定目标，准备开始行动。行动之前，他做了两件事：一是把办公室搬到一家四星级大酒店。他原意是去五星级酒店，总社没同意他才罢手。二是通过朋友关系以极低的价格租了一辆丰田轿车。两项支出加起来，一年的办公经费所剩无几。

虽然新办公室宽敞舒适，出门又有车坐，但为此花掉全年办公经费，也太浪费了吧！我们又不是做生意，有必要这么装点门面吗？我满怀疑虑。

帆却不以为然。

“我们要想活，就必须弄到好新闻，把报纸卖掉。这不就是做生意嘛！”说到这，帆停顿了一下，又说：“不过就目前而言，光靠卖新闻赚不了钱，我们得通过新闻采访建立人际关系，人际关系就是钱啊！”

“那还不好办，新闻界有一句戏言，要想认识谁，就去采访谁。”我不屑地道。

帆看看我，不无嘲讽地说：“那好，我问你，怎么去？坐11路（指步行）？”

见我沉默不语，帆又提高声音继续说道：“我们不仅要‘认识’，还要把人际关系弄‘结实’。可谁愿意和穷人交朋友呢？人的眼睛习惯向上看，这是人的本性。你不能改变人性，只能改变自己。”

当帆开着丰田车带我去采访他亲自锁定的目标——一家钢铁企业集团总裁时，受到的待遇确实不一样。总裁不仅亲自出马，采访结束后还特意请我们去五星级酒店，喝的是五粮液。酒是最能滋生灵感的东西，加上帆本来就是谈话高手，看似漫不经心，实则深藏玄机，每一句都深思熟虑，恰到好处，起到该起的作用。总裁大有相见恨晚之感，一高兴又要了瓶五粮液。快结束时，趁总裁不注意，帆把随身带的公文包给我，悄声说："包里有支票，你出去把账结了。"

当酒宴结束总裁喊"埋单"时，侍者走过来用手指指我："这位女士已经把账结了。"

我这辈子也忘不了他当时的表情。惊愕在他脸上停留了足有五六秒钟，才渐渐散去。他感叹道："这是我这么多年和新闻界朋友吃饭第一次没埋单。"

我不禁有些脸红。没想到新闻界的人在企业家眼里竟是如此形象。也难怪，因为媒体的传播功能，对企业的报道客观上起着宣传扬名的作用，不向企业收费已经有些心痛，吃顿饭何足挂齿。这也是我在新闻界这么多年第一次没"白吃"。3000多元的餐费让我心痛好几天，但比起后来的收益就算不了什么了。

交往不到三个月，帆和那位总裁把五粮液换成了二锅头。通常情况下，友情和餐费是成反比的。所以当总裁又一次拍着帆的肩膀说"兄弟，有事知会一声"时，帆很随意地提起一位在俄罗斯做生意的同学，手里有一批废旧钢轨。总裁二话没说，爽快地答应道：

“没问题，你让他报个价。”

帆几乎没费什么劲就做成了这笔生意。他还主动提出如果资金紧张可以以物抵款。总裁自然是乐不可支，把抵债来的三辆轿车折价给帆。帆用其中的两辆换成皮大衣和手套发回俄罗斯抵货款，留下一辆做我们的办公用车。

如果不是亲眼所见，我怎么也不相信这样的事实。当我们第一次开着自己的车去采访时，我忽然间明白了，其实成功非常简单，就是在成功之前扮演成功。

最快的赚钱速度

他是我老师的好友，早年在部队工作，后来跻身商界，他主持运作的几个项目非常成功，一度传为商界佳话。也因为这样非凡的经历，经常有一些胸怀大志的年轻人，慕名前来向他求教，问一些如何经商赚钱之类的问题。那年，我大学毕业即将踏入社会，在老师的引荐下，去他家拜访。

见面寒暄过后，我便迫不及待地提出我的问题：“如何才能用最快的速度赚钱？”

他听了，微微皱了一下眉，说：“如何赚钱而且要最快，告诉你，年轻人，最快的赚钱速度就是：你现在拿两个手榴弹或炸药包出去，我保证你两个小时内就能拿到钱。但是两个小时后你在哪，我可不能保证。”

我忍不住大笑。他也笑了，耸耸肩，说：“和你开玩笑。很多人都问过我这个问题，开始我感到很奇怪，你们怎么会有这样的想法？后来问的人多了，也见怪不怪了。”

也许是为了更好地回答我提出的这个问题，他给我讲了他经商的一个故事。

“你们都听说过我卖钢琴的故事，我在两年之内卖掉12万台钢琴，在全国掀起狂热的钢琴购买浪潮，创造了一个广为大家传颂的钢琴神话。可是你知道，我是怎么做的吗？

“如果把我做的所有工作细节都说出来，三天三夜也说不完。我只能概括地讲：我走访了当时所有的钢琴厂家，以及供应生产钢琴的原材料的厂家，在全国15个城市做了上百万份的市场调查，光是收集的材料叠起来就有三米高。这个过程用了五个月，然后开始做行销方案，整个方案分为三大部分，每一部分又由十几个方案组成。就这样，前期市场调查、案头工作用了将近一年。整个销售过程用了三年。三年中我每天只睡四小时。别人只看到我成功的一面，可是其中经历的过程却没有人看到。

“年轻人，我和你讲这些，只是想告诉你：世界上一定有最快的赚钱速度，但是，赚钱的速度和灭亡的速度是一样的。我今年55岁了，从25岁踏入社会到现在，整整走过30年的人生历程，我唯一能够给你的人生经验就是：人生如同登山，你一生的有效时间按30年计算，在第一个十年，你要学会攀登的技能，为登山做准备；第二个十年，你要在登山的实践过程中边体验、边修正、边完善自己的攀登技能；第三个十年，你要一鼓作气，攀登上人生之山的最顶峰！”

把三角形倒过来

一家工厂以生产男士衬衣闻名，产品销售全国，价格也居高不下。最近一段时间，工厂遇到了麻烦，衬衣销量锐减，生产的大量衬衣卖不出去。资金无法回流，工厂已经没有钱来买原材料继续生产了，无奈，只好停产。此时，库存积压的衬衣数目已经超过六位数了。工厂领导想尽各种方法进行促销，结果都杯水车薪，最后，慕名请来一位“销售大王”，据说，他是市场营销方面的行家。

“销售大王”仔细了解了情况之后，思索片刻，说：“有两个办法，第一，把库存所有的衬衣毁掉。”

工厂领导脸色陡变，连连摇头，说：“不行。那样损失太大了！”

“那就只有第二个办法了。就是把衬衣全部卖给我，但价格由我来定。”说完，他掏出计算器，快速运算，然后屏幕上闪出一个数字，他把计算器放到工厂领导面前，说：“这个价格，我全部包销。”

“不行，价格太低了！我们要赔本的！”

“销售大王”微微一笑：“这个价格对你们来说肯定是赔，但现在赔本是一定的了，只不过是赔多少的问题。我想在此之前，你们已试过许多不赔钱的方法了，但都行不通。这个价格是保证我的销售网把衬衣销售出去而又能赚到钱的最低价格，而且我保证最后的市场销售价不会低于原价的10%，不会影响到你们以后的市场。请你们好好考虑一下吧。”

工厂领导虽然不愿意，但是此时已别无选择，只好忍痛认赔了。于是，双方达成协议。结果：“销售大王”以很低的价格全部买进库存衬衣，只用了三个月的时间，就全部销售掉了。

这样的结果，很令衬衣工厂领导惊奇，进而感到敬佩，为了讨到经验，他们在香格里拉饭店宴请“销售大王”。席间，他们提出心中的疑问：“你是用什么方法把衬衣销售出去的？”

“销售大王”听了，习惯性地微微一笑，顺手拿起一张餐巾纸，用笔在上面画了一个上窄下宽的正三角形：“每个人销售产品时都会画这样一个三角形，底部最大，利润最低，是零，然后从0、1开始，往上增长，到达三角形的顶，利润最大，是100。平常人大都会盯住三角形的顶，追求利润最大化，却忘了顶部单个产品利润最大，但是整体售出数量最少，结果卖出的产品很少。等到产品卖不出去，大量积压，没办法只好倾销，再从顶跌到底。”

工厂几位领导听了，忍不住想：对呀，当初自己不就是这么做的吗？“那么，你是怎么做的呢？”

“其实很简单，”他把手中的餐巾纸旋转180度，上面上窄下宽的正三角形立刻就成了上宽下窄的倒三角形：“我只是把三角形倒过来。我会主动把利润降到最小，结果，我每次卖出的产品总是最多。”

保持不变

三年前，我家楼前的那条繁华街道拐弯处开了一家小饼店，一个只有几平方米的小板房，一个20多岁的南方人带着他的弟弟、妹妹做饼卖，有油饼、糖饼和豆沙饼三种，都是五角钱一个。新出锅的饼冒着热气，油饼一层层油花飘香，糖饼金灿灿香甜味美，豆沙饼鼓鼓的馅大皮薄，香喷喷的，吃一回，还想吃第二回。我每天晚上下班都买几个回家吃，有时候早晨上班来不及吃饭，也买两个路上吃。不光是我，周围许多居民和行人也都来买，小店的生意一天比一天好。

也许是因为小饼店的生意好了，不久，它旁边就又开了一家小饼店，又过了不久，又开了一家，不到半年的时间，这里已是一排小饼店了，都一样的价格，卖一样的饼，生意也都不错。我还是喜欢到第一家小饼店去买饼，但有时候，买饼的人多，不得不排队等，我性急就转到旁边的饼店买。平心而论，这些饼店的饼味道也不错，价格也一样，有一段时间，我就不再到第一家小饼店买饼了。

可是，慢慢地，我发现这些小饼店的饼越做越小，味道也不如从前，有几家虽然还和从前一样大，但价格已由过去每个五角钱涨到六角。有一次买饼，旁边一位中年人感叹说："现在做生意都是这样，开始时又便宜又好，饼也大，等到顾客多了、生意好了，不是饼越做越小，就是价格越来越高，只有拐弯处第一家那个饼店一直没变，饼还和从前一样大，味道一样好，怪不得许多人宁愿在那排队等，也不到旁边这些店来买。"

以后，我就又到第一家小饼店去买饼，饼还是和我第一次买时一样大，一样味香面软，一样吃一回，就想第二回。

前段时间，我因为单位有事，每天回家很晚，街上的店都打烊了，只有拐弯处那家小饼店还亮着灯。我有些奇怪，这么晚了，小饼店的人怎么还没休息，在里面做什么？有一天我又来买饼，正好人不多，因为常来，那三个南方兄妹都认识我了，我就和他们开玩笑说："晚上那么晚还不休息，在忙什么？是不是钱多得数不过来，要数到深夜？"南方小妹快言快语地说："大姐，不瞒你说，现在每天卖饼的钱多得我们都没想到，当初我大哥带我们来的时候想做五六年赚点钱，在郊区买一套房子，把父母都接来一起住。可现在才三年，赚的钱不仅可以给父母买房子，我大哥、二哥、我，我们每人都可以买上一套房子了，真是没想到呢。”

“就靠卖饼，五角钱一个饼，没做别的？”我听了，也很吃惊。

“是的，就卖饼。”三人中年纪最大的大哥说，“我父亲做了一辈子的饼，他把手艺传给我的时候，就告诉我做饼的面一定要头天晚上发六小时，第二天早晨起来再揉上两小时，油、盐、芝麻等调料都按一定比例配好，二两一个，按每个赚五分就行，定好价，开店后就要保持不变。记住：不管遇到什么情况，都要让顾客买的每个饼都和第一个饼一样大，一样的味道，一样的价格。只要还有一分钱可赚，就要一直保持不变！”

商家常言市场变化快而自己应变不及，而这家小饼店的成功，竟是保持不变。

不要等到把坑填平

大学毕业，我最要好的一位同学被分到水产公司，他很优秀，也非常努力，一直做了五年，做到公司副总经理的位置上。他们公司也成为本市经营水产品的龙头老大，年营业额上亿元。有了钱，公司就想投资新项目。当时，房地产很热，利润非常可观，于是，他们就成立了房地产公司，同学被抽出来做房地产公司的总经理，开始策划买地盖楼。以后，因为他工作越来越忙，我们之间的联系越来越少。不久，我就看到他们公司的第一栋大厦建起来了，再以后，他们公司又做汽车、酒店、娱乐业，红红火火，风风光光。可是，没想到，就在上个月，传来他们公司破产的消息。

当我再见到同学时，我们已经快两年没见面了，尽管就生活在同一个城市。我们坐在国际酒店二楼餐厅，窗外是最繁华的人民路，这里寸土寸金、高楼林立，但是我们的对面却是一大片绿地、花池。我忍不住问："咦，这里怎么变成绿地了？这片地不是被香港一家集团买去了，据说他们很有实力，怎么不挖坑盖楼呢？"

同学看了我一眼，说："因为，他们已经决定放弃了！"

"放弃了？"我忍不住惊叫起来，"那他们前期投的钱呢？那么多钱放弃多可惜呀！"

"是很可惜，可是，如果再接着做下去，那就不是可惜，而是可怕了！他们这么做非常英明！我非常敬佩他们！"

"为什么？"我有些不明白。

他没有回答，却反问我："你知道，我们公司破产了。可是你知道是因为什么吗？"我摇摇头。他看着我，说："就是因为，我们没有选择放弃。我们开始投资盖楼时，正值房地产市场最高峰，我们的投资预算是按照当时的市场价格做的，等我们动迁完挖好地基，房地产市场开始急剧下滑，我们也知道再做下去，一定会亏损。但是我们前期已经投入三千多万，三千多万买这么一个大坑，太亏了！我们想来想去，不忍放手，决定还是继续往下做，哪怕不赚钱弄个持平或少赔点也行。结果楼盖到一半，公司已负债一个多亿，坑越来越大。为了尽快填上这个大坑，我们只好到别处取土，又做汽车、酒店、娱乐业，都是我们不熟悉的行业。因为想快点赚钱，也顾不了那么多了。结果又多挖了几个大坑，最后自己把自己给埋葬了！”

其实，很多人都是这样，当发现自己投资失误并且已经造成亏损时，第一个想法就是：如何把坑填平。结果，最终填进去的往往是自己。

承受极限

一位年轻人毕业后被分配到一个海上油田钻井队，中方与日方合资，主管是一位日本人。在海上工作的第一天，领班要求他在限定的时间内登上几十米高的钻井架，把一个包装好的漂亮盒子送给最顶层的主管。他抱着盒子，一路小跑，快步登上那高高的狭窄的舷梯，当他气喘吁吁、满头大汗地登上顶层，把盒子交给主管时，主管只在上面签下自己的名字，让他再送回去。他又快跑下舷梯，把盒子交给领班，领班也同样在上面签下自己的名字，让他再送给主管。他看了看领班，稍犹豫了一下，又转身登上舷梯。当他第二次登上顶层，把盒子交给主管时，浑身是汗，两腿发颤。主管和上次一样，在盒子上签下名字，让他把盒子再送回去。他擦擦脸上的汗水，转身走向舷梯，把盒子送下来。领班签完字，让他再送上去。他有些愤怒了，他看看领班平静的脸，尽力忍着不发作。他擦了擦满脸的汗水，抬头看看那刚刚走下的舷梯，抱起盒子，艰难地一个台阶一个台阶地往上爬。当他上到最顶层时，浑身上下都湿透了，汗水顺着脸颊往下淌。他第三次把盒子递给主管。主管看着他，傲慢地说："把盒子打开。"

他撕开外面的包装纸，打开盒子，里面是两个玻璃罐，一罐咖啡，一罐咖啡伴侣。他愤怒地抬起头，双眼喷着怒火，射向主管。

这位傲慢的主管又对他说："把咖啡冲上。"

这位年轻人再也忍不住了，啪地一下，把盒子扔在地上。"我不干了。"说完，他看看地上的盒子，感到心里痛快了许多，刚才的愤怒释放了出来。

这时，这位傲慢的主管站起身来，直视他说："你可以走了。不过，看在你上来三次的分儿上，我可以告诉你：刚才让你做的这些，叫作承受极限训练。因为我们在海上作业，随时会遇到危险，就要求队员身上一定要有极强的承受力，能承受各种危险的考验，才能成功地完成海上作业任务。可惜，前面三次你都通过了，只差最后一点点，你没有喝到你冲的甜咖啡。现在，你可以走了。"

承受是痛苦的，它压抑了人性本能的快乐。但是成功，往往就是在你承受常人承受不了的痛苦之后，才会在某个方面有所突破，实现最初的梦想。可惜，许多时候，我们只差一点点，为了一时痛快，而没有喝到我们冲的甜咖啡。

从别的地方爬起来

几年前，好友黄羊迷上了电脑，后来，又迷上了网，成了“网虫”，每次见面，第一句话就是：“你上网了吗？”

如果仅仅如此，也就罢了，让我吃惊的是：他竟辞去公职，投资20多万元，开了一家网吧，不仅倾其所有，还向亲友借了几万元钱，连他父母准备买房子的钱也投进去了。坐在他那精致、优雅的网吧里，我不禁有些为他担心。他却不以为意，打开电脑，蓝色屏幕上显示出他做的预算：“网吧20台电脑，每台电脑每天平均工作时间按6小时计算，一小时收10元钱，一天收入就是1200元，一个月收入就是36000元，还不包括卖咖啡和信息的收入。”这么一算，不仅是他，连我也信心大增。

但是他错了。这仅仅是理论上的算法，而实际情况是：第一个月网吧收入4000多元，第二个月增加到5000多元，第三个月增加到6000多元，以后每个月收入基本都保持在6000元左右。半年下来，扣除网络流量费用、机器维修费和人员开支，剩下的钱还不够付房租的。

怎么办？我也为他着急。“不行就赶快转手吧。”

黄羊摇摇头，显得很平静。“没什么，做生意哪有没有风险的。中国有句古话，哪摔倒的，哪爬起来。这是我投资的第一个公司，如果失败了，会挫伤我以后做事的自信心，不管多么难，我也一定要坚持到底！”

他打开电脑，对着蓝色屏幕，开始深刻地反省自己：

1.对市场估计不足，前期投入过大；

2.对电脑网络专业知识和技术掌握不足；

3.公司内部管理松散；

4.对外宣传力度不足。

找到了症结，黄羊开始对症下药。首先，他对公司人员重新做了调整，自己退到幕后，聘用一位懂计算机专业技术的年轻人当经理，负责公司日常管理。我则利用工作之便，帮他找媒体宣传。一个月后，来上网的人日渐多了一些，但月底一算账，公司依然入不敷出，而且亏空更大了。

我们真是莫名其妙，黄羊从电脑中调出账单反复核查，终于查出问题的症结：公司用网总流量远远大于顾客用网流量，只有两种情况下才能造成这样的结果：一种是少收或贪污了顾客的钱；还有一种就是公司有人盗用公司账户上网。

负责收钱的是黄羊的母亲，所以根本不可能存在第一种情况，那么就只有第二种情况了。黄羊按照流量表一一查对，想查出是哪台电脑流量不符，就知道是谁在盗用公司账户了。查出的结果令我们大吃一惊：因为不是别人，出问题的就是黄羊自己办公室里的那台电脑。

黄羊气坏了，原来他高薪聘用了一名“网络黑客”放在自己身边，一点点吞吃他的账户。当天晚上，他就解雇了那位经理。第二天，公司所有的电脑都“病”了，停止工作。

黄羊一边请人修复电脑，一边让我帮他在报纸上做一个转让网吧的广告。

网吧最终以很低的价格转给了别人。黄羊最后看了一眼自己一手建起的心爱的网吧，扭头走了出去。我安慰他说：“别难过，赔的都是经验，就当是交学费了。”

黄羊摇摇头：“我以后再也不会经营‘网’了。你以后也要吸取我的教训：有些东西你只能爱好，千万别把小爱好搞大！而且我还要纠正一个观点：不一定要从哪摔倒的从哪爬起来。如果你掉进泥沟里，爬起来还会再摔倒。有时候在这儿摔倒了，不妨再换一个地方爬起来。”

咕嘟人

他非常聪明，是公认的属于怪才的那种，想法多多，不知道什么时候就冒出个赚钱的鬼点子。朋友中谁想做什么事，都来找他参谋参谋。他又天生就是那种不肯安分的人。也许是上天考验他，他大学一毕业就分进了让同龄人羡慕的机关党报，一辈子的饭票没问题。可工作没几年，他就打了辞职报告，一头扎进了商海。

第一次他投身于餐饮业。当时滨城东北人多，而饭店又多以南方菜为主，他就和朋友一起，在离市中心不远的繁华地段一角搞了一个饭店，东北特色，专以炖菜为主，饭店名字也很怪，叫“咕嘟炖”。这貌不惊人的“咕嘟炖”在滨城很是“咕嘟”了一阵子，那冒着热气泡、香喷喷、热乎乎的东北砂锅炖菜着实让吃腻了粤菜、海鲜的滨城人大饱口福。可惜，“咕嘟炖”仅仅“咕嘟”了一年多，门庭若市就变成门前冷落了，不久，他就离开了，“咕嘟炖”转给了别人。

第二次他投身于广告业。当时滨城兴起公司热，平均每天都有好几个新公司开张，每个新公司都忙着做宣传，让别人知道自己，相信自己有实力。报纸也相应扩版，给广告提供充足的空间。广告公司如雨后春笋，广告业务蒸蒸日上。他原来就做过媒体，更是如鱼得水，游刃有余。可惜，好日子没过两年，公司的日子又不好过了，他又关门离开了。

第三次他投身于装潢业，与人合伙办了一家装修公司。公司只坚持了一年，又关闭了。后来的几年，他做过电脑、电话、电信，七年搞黄了六个公司，身后是一片失败的记录，等于自己给自己做了个活广告。滨城很多人都知道他的大名，私下里议论他，说他是

“咕嘟人”，哪个行业都插足，冒个气泡就消失了。

年初，消失了一年多的他又冒出来了，这回干的是老本行——办报。这回他把报办得红红火火，仅三个月，报纸就持平，半年后开始盈利。盈利后，他在当年下海的第一站、现在已转给别人经营的“咕嘟炖”请客。席中，有人感叹说：“转了这么多年，咕嘟来咕嘟去，终点又回到起点，这些年白咕嘟了。”

他却笑说：“每个人不安分，是因为渴望成功。许多人羡慕别人的成功，想从别人的成功中学到成功的经验，但事实上，别人的成功对我们没有多少实际的意义。我们都知道比尔·盖茨的成功神话，但不能成为比尔·盖茨，我们只能做我们自己，从自己的失败足迹中找寻成功之路，屡败屡战，最后才能走向成功。就像我，没有这个‘咕嘟炖’，没有这些年这么多的‘咕嘟’，就不会有我今天的成功。”

在人生的长河中，我们每个人都是一滴水，只有那些不安于做一滴止水、不停地让自己“咕嘟”的人，才最有可能成功。

细节考验

有一家新建的酒店在报纸上打出招聘广告，因为待遇优厚，报名者踊跃。初试、复试后，数百名报名者只剩下30人。可是酒店只要20名员工，而酒店下星期就要开业，酒店主管需要尽快选出20人，培训一星期后上岗。主管把这30人都召集来，一一谈话，凭良心说，这些人条件都差不多，没什么差别。多出的10名不知道应该去掉谁。

主管想了想，灵机一动，就宣布说："为了庆祝开业，今天我代表酒店请大家吃顿饭。"

30人围坐在一起，第一道菜上来了，是红烧鲤鱼。鱼很大，一条鱼铺满了整个盘子。开始的时候，大家都很拘谨，不好意思吃，主管就带头拿起筷子，在鱼背上夹了一块肉，说："大家随便点，以后我们就是一家人了，每天都要在一起工作，一起吃饭。不要客气。"

主管一发话，气氛就活跃起来，大家拿起筷子，开始吃鱼。有人夹鱼背，有人夹鱼头，有人夹鱼尾。有的人一次夹一大块，有的人一次只轻轻一点。一条鱼的正面很快就吃完了。

第二道菜又上来了，是清炖黄鱼。鱼很小，十几条才装满盘子。有的人上来就夹条大的，吃得很快，鱼肉没吃净就连肉带刺吐出来，有的人只夹小的，吃得慢而细，把鱼肉吃净再吐出鱼刺。

接下来的菜有炒菜、凉拌菜、三鲜汤，大家各取所好，有的规规矩矩，只吃自己眼前的菜，有的毫不客气，伸长手夹别人眼前的菜，有的兼顾全席，桌上的菜每样都吃一点，有的挑挑拣拣，只夹自己喜欢的菜吃，有的吃饭静悄悄，有的喝汤"滋滋滋"，有的把碗里的饭吃得一粒不剩，有的把饭粒掉在饭桌上。真可谓百态众生，都被主管尽收眼底。

第二天，酒店把用人名单公布给大家。有一位落选者很不服，就质问主管：“大家条件差不多，你又没有加试，凭什么选人？”

“怎么没有加试？昨天晚上我请你们大家吃饭时，我对你们每个人都一一测试了。我选人的原则很简单：那些在餐桌上吃鱼头鱼尾、吃小鱼，不挑挑拣拣、不掉饭粒、知道兼顾别人的人，我相信他们会成为酒店的好员工。”

落选者想起自己昨晚在饭桌上的表现，有些发窘，但又马上为自己辩解道：“这些都是生活细节，怎么能用它们来检验一个人呢？”

主管看着他，反问道：“生活的细节，加起来不就是人生吗？我想一个在饭桌上只顾自己的人，在工作中是不会首先想到别人的。”

薪水多少

现在的大学生，和十年前大不一样了，那时候大学毕业生由国家统一分配，工作、工资都由国家统一规定，自己没有选择。而现在的大学生，选择范围大到天南地北。虽然7月份才毕业，可是刚到1月份，大学毕业生就开始忙着找工作了，为用人单位和毕业生组织的供需见面洽谈会也一个接着一个。

也许是选择的范围大了，竞争的程度也更激烈了，毕业生都练就出一套推销自己的过硬本领。单是一份个人简历就做得非常精美，显然是用足了心思。大家都想进那些效益好、名声大的集团公司。而每次洽谈会，这些大集团公司的洽谈台前，应聘者最多。

虽然一家商业集团公司的洽谈台前来应聘的人很多，但主管并没有特别满意的，一天的招聘洽谈就要结束了，负责招聘的主管感到有些疲乏。这时候，又走来一名应聘者，他递上简短的个人简历，主管翻看着，问了他自然情况，然后有些漫不经心地问："你对我们公司有什么要求？"

"我想问，公司薪水是多少？"

主管想告诉他：按照集团规定：应届毕业生都要送到基层做起，像他这种情况，先要在商场站一年柜台，起薪是600元，按销售额拿奖金。一年以后视个人表现才能分到办公室。但这时候，主管看完了他的简历，抬起头看看他，突然改变主意，反问他："你想要多少？"

"起薪3000元。"

"为什么？你都会干什么？"主管眼睛一亮。整整一上午，还没有一个人提出要这么高的薪水。来应聘的毕业生，虽然对公司600元起薪、站一年柜台的规定不满，但没有一个人提出反对的。

"我是学商贸的，但我精通计算机，会设计程序，会制作网页。去年我曾为三家公司设计制作网页，现在一个动态网页收费标准是800元，最低也不少于400元。我可以在10个工作日内就完成一个网站、十几个网页的编程。所以我认为我最少值3000元。21世纪是电子商务时代，像贵公司这样的集商、贸于一体的大集团公司，应该有自己的网站，在网上建立新的销售渠道，而这正好需要我这样学商贸又精通电脑网络的人才。”

主管收起他的简历，对他说：“好，星期一你到公司来找我。虽然你提出的要求比别人高，但我相信，我们公司一定会录用你的。”

这家公司最后真的录用了他，而他的底薪也正是他自己要求的3000元。

有所谓

一家公司招聘两名技术人员，有一位应聘者的面试和笔试成绩都很好，负责招聘的主管觉得他技术很过硬，学历、仪表、家庭各方面都不错，综合条件比较好，就把他作为第一候选人推荐给公司总经理，总经理亲自主持最后一轮面试。总经理问的都是与技术无关的问题，诸如“你怎样对待错误”“你为自己制订的人生规划”“你怎样把自我价值与公司利益相结合”，总经理对他的回答很满意，很认同他的观点。于是，总经理又问了最后一个问题。

“我们公司生产线每天工作16个小时，工人实行两班倒，每个班要配备两名技术人员，早班从早8点到下午4点，晚班从下午4点到午夜12点，如果你到我们公司来工作，你想挑选哪个班？”

这位应聘者听到总经理问这样的问题，以为自己已经被录取了，一直处于紧张状态的他刹那间放松了，也没多想，顺口就说：“无所谓，公司随便安排吧。”

总经理脸上掠过一丝不快，说了一句：“你回去听通知吧。”

他兴致勃勃地走了。出乎他的意料，这家公司并没有录取他。对此，不仅他有些不解，连那位负责招聘的主管也有些不解。主管就找了个午休的机会问总经理。总经理却反问他：“你我都是搞技术出身的，我问你，一名技术人员最基本的素质是什么？”

主管想了想，回答说：“创新。”

总经理摇摇头，说：“我认为应该是认真。技术是最讲科学的，来不得半点马虎，所以从事技术的人必须要认真，要认真到较真的程度。许多科学发明都是因为较真才发明的。所以我最不能容忍一名搞技术的人嘴里说出无所谓、随便、反正、算了吧这种不认真负责的话。而他一句话就说出来两个：无所谓，随便。”

主管听了，仍然有些不理解：“可你问的是挑选哪个班这样的小事，并不是技术问题呀！”

“小事决定成功。每个人都是一个生物钟，有自己的节律曲线，一天的时间并不是均等的，有的时间状态最好是一天中的黄金时间，有的时间状态最差是一天中的垃圾时间，每个人的生物节律是不一样的，一个人应该知道自己的生物节律，把黄金时间留出做最重要的事情，垃圾时间做垃圾事情。我问他最后一个问题的本意就在这，可他却想也没想，说‘无所谓’，我当时就决定不用他。我们是一流的公司，要用一流的人才，我们一定要选用‘有所谓’的人！”

别人的成功你无法克隆

朋友终于如愿以偿，调到报社工作了，实现了他大学毕业时的梦想。他每天采访，写稿子，经常到半夜，忙得不亦乐乎。因为他工作忙了，我们见面的机会就少了。偶尔他打电话来，也是谈稿子的事。我们之间的联系方式，就是每天在报纸上看对方发的稿子，知道彼此忙什么。

最初一段时间，几乎每天都有他的稿子，经常是头版，有时是二版、三版，许多稿子都被其他报纸转载，他发稿是报社最多的。可是后来不知怎么，他的稿子开始变少，最近一个月，一篇他的稿子我也没看到。我以为他生病了，就打电话给他家，他果然在家，可是并没有病，但他却说：“我真想病一场，烦死了！老婆烦自己也烦，以前每个月赚600元钱，过得挺好的，现在一个月光奖金就

2000多元，可却不够花，老婆天天埋怨。我都要累死了！我不干了！我给自己放假，天天写稿有什么意思？能写几个钱？”

我听出他情绪很坏，就约他出来聊聊天。他说好，问我去哪。我说：“去我们以前常去的那家烧烤店吧！”

他立刻反对：“吃什么烧烤！烟熏火烤的，真没档次！这样吧，我找地方，你十分钟后下楼等我，我打车接你一起走。”

我赶紧收拾好下楼等他，不一会儿他坐着车过来，我上了车，他带我去了一家很有名的大酒店。我看看他，他潇洒地摆摆手：“别怕别怕，我请客。”

我们坐下，他也不看菜单，点了几个菜，看样子对这儿很熟，然后掏出一盒大中华烟，点着：“真的，我不想干了，看看做点什么事。”

“为什么？你不干得挺好的吗？”

“有什么好的？整天采访人家，给人家写报道，围着人家屁股转，也不过就混顿饭吃。和人家一比，我们有什么？人家年纪比我们大不了多少，却有楼有车有产业，银行有好几百万，和人家一比，我们活得真可怜。什么时候我们也干成点事，让别人来采访我们！”

我看着他，想起自己初当记者时的那种心理状态，知道他和我当年一样，也犯了周期性“羡富病”。这也难怪，如果你每天接触成功者，如果你经常拜访他们的豪华写字间，陪他们乘坐高级轿车、出入星级大酒店，你就会不可抗拒地喜欢上这种生活，你会鄙视自己的清贫，你会恨不得立刻跳出自己的圈子，立刻把自己克隆成像他们那样的成功者。可是，当你更多地接触他们、更深刻地了解他们之后，你就会发现：每一个成功进程，都有着更多的辛酸、更深的痛苦、更大的无奈，每一个成功都是他们自己艰苦卓绝拼搏的回报。更重要的是：每一个成功者的背后，都有着一个他自己的秘密哲学。所以，别人的成功永远是别人的，你无法克隆。不管你怎么羡慕别人，不管你怎么努力争取，你都无法得到。你能争取得到的只能是你自己的成功！

穷人的竹叶

小时候，他家里非常穷，他最大的梦想就是能吃一个纯玉米面的饼子，因为从小到大，他吃的都是那种用野菜和玉米面搅在一起的面团子，说是面团，实际上只有很少的一点面，里面大部分是他上山挖的苦菜和收割后的地瓜秧，咬一口，满嘴苦味，难以下咽。最初，他很不习惯，吃下去不消化，肚子一阵阵痛，老想上厕所，可蹲在厕所里便不出来，痛得他大声哭，母亲含泪告诉他多喝水，他喝下一大瓢水，然后再上厕所，便出来的都是绿色的。

九岁那年，村里来了一个科学考察队，为首的是一位戴着眼镜、面目和善的中年男人，大家都叫他熊猫教授，和他一起的几位年轻人是他的学生，他们是来山里考察熊猫的生态环境的。他自告奋勇，每天跟他们一起上山，给他们带路，听他们讲故事。如果不是他们的到来，他也许一辈子都不知道外面还有一个世界，和他这里的不一样。他平生第一次看到他们带来的神奇的照相机，平生第一次吃到他们给他的一小块馒头，他觉得好吃极了。他放在嘴里，慢慢地嚼着，不舍得咽下去。他从来不知道世界上还有这么好吃的东西！他吃着吃着，忽然鼻子一酸，哭了。

熊猫教授不知道发生了什么事，就问他："你怎么了？"

"你们天天吃这么好吃的东西，可是我们这的人连见都没见过，这太不公平了！请你带上我一起走吧！我会带路，我会干许多活！"

熊猫教授摸着他的头，无限怜爱地说："孩子，没有人愿意吃苦，可是所有吃过的苦都不会白吃，会有回报的。"说着，教授抬起手，指着满山遍野的竹子，问："你知道熊猫为什么吃竹叶吗？"

"因为熊猫天生爱吃竹叶。"

"我们都知道熊猫吃竹叶，都以为它们天生爱吃。可实际上不是这样。熊猫是哺乳类动物，它的胃肠大小几乎和我们人类一样，而我们人类的大肠下边还有一段盲肠，帮助消化，而熊猫没有。熊猫本来和我们人一样，应该以食肉、粮为主，可是它们生长在寒冷的山区，周围除了竹子，没有别的食物，为了生存，熊猫就强迫自己吃竹叶。开始的时候它们也不习惯，胃肠不消化，吃进去多少拉出来多少，它们就一遍遍吃，再一遍遍拉，到最后，就慢慢适应了。现在，熊猫是世界上生存能力最强的动物之一，无论多么艰苦的环境，它们都能生存下来。”

最后，熊猫教授拍拍他的头，说：“当年我刚大学毕业时，和同学一起上山考察熊猫，后来许多同学因为受不了山上的苦而放弃了。现在，只有我和很少几位同学坚持下来。我想这是因为我小时候家里穷，从小就习惯吃苦。孩子，记住，我们穷人家的孩子，生来一无所有，没什么可吃的，只剩下吃苦了，就像熊猫吃竹叶一样，时间长了我们就养成了能吃苦的习惯，吃苦成了生活中最习以为常的事，到后来，我们这些穷人的孩子就成为世界上生存能力最强的人了！”

也就是这一年，他开始上学了。一个九岁的孩子，每天独自往返十几里地去读书，放了学回家还要帮母亲干活，挑水，喂猪。星期天他要早早起来上山砍柴、割草，卖了钱交学费。这在常人看来，几乎是不可能的，但他坚持下来，从小学，到中学，一直到大学。他是村里有史以来第一个读大学的人。

试验失败

我慕名前去拜访一位科学院院士，他是一位著名的物理化学家，教授，博士生导师，长期从事石油化学、合成气化学方面的理论和应用研究，先后十几次获得国家、省、部级成果奖，他的许多项科研成果都在工业上得到应用。其中仅一项成果应用后，一年就为国家创造4亿元利税。很多企业、大工厂都愿意和他合作，不惜重金购买他的研究成果。在他的办公室，我见到了这位已是70高龄的院士，他精神很好，看上去至少比实际年龄小十几岁。

“我听说您每一次去工厂应用推广，都是一试即成。”

“是这样的。人家只给你一次机会，如果你一次不成，以后再也不会请你去了。”

“那试验过程中会不会有什么意外呢？”我学过化学，也知道化学反应，特别是有机反应，特别强调反应条件，反应时的温度、大气压、搅拌速度等，都会影响反应状态，状态不同，生成物就不同，即使生成物相同，含量也不同。所以有机化学反应很少能达到完全相同，经常出现一些意想不到的情况。况且，试验室和工厂，根本是两个不同环境，反应条件、状态不可能完全相同，出现一些意外也是可以理解的。

“一点意外都没有，也不允许有。”教授非常坚定地说，“我做科研，感觉最难的并不是试验研究，而是在工业上的应用推广。因为人家有时不相信我们。我们到工厂，经常会和他们产生分歧，有时候争论得很激烈，这时候，我就非常自信地告诉他们：这样做是对的，接下来会出现什么样的现象。过一会儿，果然就出现我说的现象，他们就不再争论了。”

“怎么可能所有出现的现象您都知道呢？因为每次反应都可能不同呀！”

“因为在这之前，我们已经做过了所有的试验。试验了几千次，甚至几万次。为了观察每个试验现象，我们常常24小时轮流守在实验室。”

“那怎么可能呢？”我瞪大了眼睛。

“怎么不可能呢？”教授严肃地说，“什么叫科研成果？就是试验了几千次，甚至是几万次，把所有可能失败的结果都试验过了，最后得出的成功的结果，就是成果。”

我哑口无言。教授见我不语，微笑着说：“年轻人，告诉你，世界上没有一个成功是偶然的。当你试验了所有的失败，就必然会知道通往成功的路在哪了！”

两元钱改变命运

两个刚出校门不久的年轻人，结伴去海南打工。

像所有怀揣梦想、两手空空的年轻人一样，他们只能住最便宜、条件最差的旅馆。十五六个人挤在一间10平方米的小屋，闷热，狭小，混合着汗味、脚臭，还有墙角发霉的气味，加上蚊虫叮咬，简直无法入睡。但他们只能忍着，第二天一早，就跑出去找工作。

第一份工是送矿泉水，每送一桶水可以赚八角钱，因为没有交通工具，他们只能步行肩扛。第一天送了三桶，全身大汗淋漓，差一点中暑昏倒在地。两人一商量，这样下去不行，身体吃不消不说，也赚不到钱。于是他们去旧货市场，花30元钱买了辆旧自行车，挨家挨户送水，最多一天送了50桶。

水站是一星期结算一次工资。好不容易盼到周末，两人兴高采烈去领工资，迎接他们的是一把将军锁。里面的东西都搬空了，水站老板把客户的钱结完拿着跑了，他们的工资泡汤了。而此时两人身上的钱——连硬币都算上，一共是22元3角。

旅店不能住了，虽然每晚只收10元钱，他们也付不起。两人并没气馁，互相鼓励，白天继续奔波找工作，晚上露宿在南大桥下，和一群来自五湖四海的打工仔为伍。起初他们以为这些人都是民工，靠体力赚取血汗钱，住了几天混熟了，才知道其中有不少人也和他们一样，受过高等教育。有一位已经来了一年多，换了无数次工作，不是被骗就是没有业绩，而他是湖南某高校本科生。

时间是最消耗意志的。日子一天一天过去，他们还没有找到工作，而本已不多的钱却在一天天减少，尽管已把每天的开销降到最低。到了第七天，两人身上的钱加起来，只有最后四元八角。他们用八角钱买了一袋方便面，你一口我一口合着吃，吃着吃着就觉喉头有些哽咽，吃不下去了。

“我们回家吧！我受不了了！”其中一位呜咽着说。

另一位本也有些泄气，但一见同伴这样，心想自己千万不能气馁，于是打起精神劝他道："别说这种泄气的话。我们不是说好，不混出个人样，决不回去。再坚持一下，说不定明天就能找到工作！"

他苦口婆心，最后也没能说服同伴，只好随他去。他把两人共有的财产——四元钱一分为二，每人一份。同伴拿着这最后两元钱，去了附近的公用电话亭，给家里打电话，让他们寄路费来。那一瞬间，他也有些犹豫，但仅仅是一瞬间，随后毅然转过身，向另一个方向走去。

他去了海口市人才市场，用仅有的两元钱，买了一张应聘表，应聘去了一家广告公司，成了一名业务员。我不想告诉你这之后他历经多少艰辛，遇到多少挫折——世界上没有一个成功是轻易得来的，艰辛与挫折就像一日三餐一样，是成功者的必备食粮。我要告诉你的是这故事的结局——三年后，这位年轻人成为这家广告公司的总经理，也是业界最年轻的百万富翁。而他的同伴，那个当年和他一起出来寻梦的年轻人，早已没有了梦，在家乡小城拿着一份微薄的薪水，过着入不敷出的卑微生活。

我一直相信世上有命运这回事，当我从朋友那听说这两位年轻人的故事后，我不再这样想了。所谓的命运，不过是行为的结果。同样是两元钱，你可以讨一张回程票，也可以买一张应聘表，而命运迥然不同。

傻瓜天才

那天，纽约各大报纸上同时登出一则广告：一美元出售豪华汽车。许多人都看了，看过就放下了，以为是愚人节，或者是笑话、小幽默。所有的人都认为：一辆豪华轿车卖一美元，是不可能的。傻瓜才会这么做。只有他例外，看了这则广告，他就按照报纸上的地址找到刊登广告的人，一位中年女士接待了他，带他去看车。那是一辆很新的豪华型轿车，他看了有些不太相信地问："确实是一美元出售吗？"

"是，一美元。"

他交给她一美元，她就把车钥匙交给他："先生，这车是你的了。"

他接过钥匙，兴奋至极，又实在忍不住，问："女士，我能知道这是为什么吗？"

"我丈夫去世了，他在遗嘱中把这辆车赠给他的情妇，但把转赠权交给我，所以我就以一美元出售它。"

原来是这样，但是没有关系，因为毕竟他用一美元买了一辆漂亮的车。回去的路上，朋友看到他开着一辆新车，问他多少钱买的。他告诉朋友："一美元。"朋友听了，后悔万分："我也看过那则广告，但以为是开玩笑，就没在意。"

看过广告没在意而错过拥有一辆豪华汽车的，远不只他的朋友吧！许多时候，我们错过了好机会，不是因为太傻，而是因为太聪明。

这个故事到此并没有结束。许多人听过就听过了，或者一笑，或者会想：如果有下一次，我会好好把握。但是机会只有一次，其他都是你的邻居在敲门。所以别人想怎么再花一美元，买个大便宜，而他却换个方式，想：制造一样什么东西，只卖一美元。他把想法一说，别人都笑他傻，一美元能买什么？现在物价这么高，连一份冰淇淋都要几美元，没有什么东西可以卖一美元还能赚到钱。可是他并不在意别人怎么说，做梦都在想，制造一样东西，只卖一美元。终于，机会来了，他在网上发布信息说：任何用户想得到娱乐，他将在一年365天中每天都向其发送一则谜语。消息发布之后，来订购的人不计其数，他一下就拥有了25万全年用户，并且每户都给他寄去了一美元的费用。

你提出一个想法，别人会说你傻，你实现了，大家就说你是天才。现在这位傻瓜天才在夏威夷，每天清晨起床后，想出一则谜语，用电子邮件发出，然后就可以去海滩娱乐了。

预留管线

朋友从日本回来探亲，实际上他在国内没有什么亲戚，他要探的不过是他的几位好友和同学。他母亲是日本遗孤，十年前带他的小弟回了日本，那时他已大学毕业，分在市政府财政局工作，结了婚，有个女儿，一家三口住在离市中心不远的一套两居室里。他舍不得现在的工作和条件，就没有和母亲一起回日本。两年后，他去日本探亲，他看到全世界最先进的电器，和他同年龄的人开着漂亮的轿车，母亲和小弟都劝他去日本，他心动了。两年后，他辞去公职，处理掉房子和财产，全家去了日本。

这一别就是六年，再次见面我们都十分感慨，彼此间多了几分陌生。他说要到各处走走，我带他在市内转了转，然后又带他去古城旅顺游览。新建的旅顺南路刚刚竣工通车不久，宽敞笔直的马路，两边美丽的风景尽收眼底。我们正想加大马力快速行驶时，可是发现前面塞了一排车，十分缓慢地行驶。原来是前边在挖路，前几天还好好的公路又被挖开了一个口子，不知道是哪个部门在铺设管线。朋友伸头看看前面，说："这几年城市变化很大，变好了，变美了，但有一点没变：这路还是挖来挖去，马路警察各管一段，没有一个全局规划。这一点，日本就做得比我们好，每个公建工程，在工程设计时就把所有管线需要铺设的管道设计好，在工程建设中预留出来，做好标记，留给相应的配套部门来安装。"

等了十几分钟，我们的车才过去，朋友接着刚才的话题，谈起这几年在日本的情况。我这才知道，他这六年，受了许多苦。他学的是财会，在国内很热门，工作好，待遇高。原想到日本再进修进修，干本行。可整个日本才300多名注册会计师，他在国内的学历在日本不好用，而他又没有别的技能，只好出苦力。他在一家木工厂做搬运工，每天工作十个小时，搬运的家具堆起来像一座山。

下了班他累得胳膊都抬不起来，连方向盘都握不准，腰痛得直不起来。他晚上去补习日语，一边学一边忘。他身在日本，也有一半的日本血统，但他受的中国教育和在国内工作的经历，使他总有一种异国感。他没有朋友，没有梦想，内心世界非常孤独。

我没想到事情会是这样子，心里非常难过："那你弟弟呢，他做什么？"

"他比我好多了，因为母亲早就打算带他回日本，去的时候年龄也小，又在日本受的教育，他又聪明勤奋，很快就进入日本主流社会，生活和工作都比我好多了。"

"那你将来打算怎么办？我看还是回国吧。"

"我也想过，可是回国我能干什么？原来的位置回不去了。再从头干，年龄越来越大了。这次回来我想先了解一下国内的情况，回日本再干几年，趁着现在身体还行，多吃点苦，多赚点钱，将来我还是想回来，开个日本料理店，够维持生活就行。我这一生，没规划好，像这马路似的，当初没预留好管线，现在也只能这样挖来挖去了。"

望着他，我无言以对。我们的一生，看起来空间无限，可实际上能走的路也很有限，如果你不删除过去曾经保存的一些记忆，把它当作人生路上的一些路标，你就无法再铺设新的管线。更重要的是，每一次起步的时候，都要提前规划好，许多成功者之所以成功，其中很重要的原因是他们拥有能够洞察未来、预留空间的能力，提前预留好通往成功的管线。

外地人

由于职业的原因，我要经常接触许多企业的老板，时间长了，我发现一个奇怪的现象：他们当中许多都是外地人。有一次，朋友带我去见一位大酒店的老板，他一开口，就听出他也是一个外地人。我不觉有些感慨，忍不住说："大连人的钱都让你们这些外地老板给赚了！"

那个老板笑笑说："没错。许多坐奔驰、开大酒店、做进出口生意的，都是我们外地人。但是你知不知道，那些在街上蹬三轮车的、卖茶蛋的、在浴池搓澡的，也大都是我们外地人。"

听他这么一说，我仔细一想，觉得他说得非常对。的确，在我们这个城市，工作与生活最好的和最差的大都是外地人，剩下中间不好也不差的基本上都是本地人。

"其实，你别看不起街上那些卖茶蛋的，再过十年，他们当中保不准又冒出几个小老板呢！说出来你也许不信，当年我刚来大连时，就在街上摆摊卖茶蛋。我卖了一年多，后来攒了点钱在天津街租了个小摊位冲洗相片，地方很小，勉强坐下一个人。我大约做了两年，赚了钱又租了个临街房开饭店，后来一点点做大了。你们只看到我今天开大酒店风光的一面，当年我卖茶蛋的时候你们谁看见了？就是看见了也不会在意！"

几乎每个城市都是这样，本地人有着外地人无法比拟的先天优越条件：有好工作，有好房子，有的有好几套房子，有临街用的商铺，他们把多出来的房子出租给外地人，自己坐在家里吃租息，过着轻松悠闲的日子。但是，外地人就不行了，他们除了一张外地身份证，什么都没有，没有房子可以出租，他们只好出租自己，苦自己。

但是，几年之后，他们一个个都富起来了，用他们赚的钱，在海边买下一栋栋漂亮的别墅，让本地人望尘莫及。

一封信改变的命运

他随母亲和哥哥到日本那年，已经11岁了，一句日语也不会说。他先上了一年日语补习学校，然后重新上学。他12岁读一年级，个头比同班同学高出一头，日语说得结结巴巴，同学们都看不起他，欺负他，不和他玩。他很孤独，也很倔强，把所有的时间都用在学习上。他没有父亲，没有钱，也没有有钱的亲戚，除了贫穷，一无所有，没有什么可以依靠，所以只好依靠自己，好让自己有一点可以骄傲和自豪的资本。幸运的是，他做到了。一年后，他成了班上学习成绩最好的，并且把这个成绩一直保持到高中，毕业时因成绩优异，被日本最著名的三所大学同时录取。

可惜他去不了。因为入学需要100多万日元的学费，他没有。

他那年过半百的母亲每天在工厂压700条裤线，勉强维持一家人的生存，哪还有多余的钱供他上大学？哥哥就是因为付不起学费，一毕业就去了一家木工厂做工，每十分钟就要做好一个椅背，来负担自己的生活。看来，他也要像哥哥一样，告别心爱的校园，去工厂做工了。

但是，他不甘心。他把自己关在房间里，想了三天。最后，他鼓起勇气，拿出笔和纸，把自己的身世、现在的困境如实写下来，寄给日本很有名的报纸《朝日新闻》，然后就到哥哥工作的那家木工厂打工。他负责最后一道程序，把做好的椅背、椅座、扶手、椅腿这些配件组装在一起。看起来很简单，但是工厂流水作业，所有这些程序需要在一分钟内完成，否则椅背椅座就会堆成一大堆。每天，他像魔术表演似的，按着椅背，挥起椅腿，瞬间就把一堆零件装成一把椅子。车把组装好的椅子拉走。一天下来，他一双胳膊酸痛得抬不起来，一双腿连走回家的力气都没有。而这样一天工作的薪水是2000日元。也就是说，他要不吃不喝、这样拼命做两年，才能赚够开学要交的学费。

就在他几乎快绝望时，奇迹发生了。他收到了一笔500万日元的巨款。原来，他的信发出去后，一位编辑看了非常感动，把他的信在报上发表了。一星期后，电话、信件和汇款像雪片似的飞来。一个月内就收到500万日元。交学费已是绰绰有余。这意外的惊喜让他说不出话来。就这样，他成了日本东京大学的新生，并用交学费剩下的钱，资助了几位和他一样因贫穷而上不起学的学生。

四年后，他从东京大学毕业进入政界，被派往日本驻沈阳总领事馆工作，负责处理中日文化经济合作等事务。后来他又回到日本，现在是日本著名的伊藤株式会社高级负责人。而他的哥哥，还在那家木工厂做工，连他自己也记不清做了多少椅背了。不到40岁的人，他的背已经像他做的椅背一样弯曲。

每当看到哥哥，他心里就有一种说不出的复杂情感，同时也为自己当年的举动而感到庆幸。有时候，当你自己也不知道自己能否成功时，勇气往往会帮助你成就许多事情。

成功者的家

朋友的父亲要去美国定居了。他是一个很有思想的人，也是一位成功的企业家，他曾经在三年的时间内，成功销售出12万台钢琴，引起全国性的钢琴热。此外，他还成功地运作一项房地产工程，以及代理销售手机。这些都是他商业生涯成功的经典，广为人知。我非常敬重他，也很感激他。他在许多方面都给过我有益的指导。现在他要走了，我心中有些不舍。我准备了一份礼物，约了朋友一起去他家看他，和他告别。

朋友开车来接我，不一会儿，我们就到了他家，那是一栋很漂亮的海滨别墅。朋友把车停好，然后下车，我跟在他后面，看着他的背影，心里十分羡慕。我想：不久，他也会去的。因为有那样一位有名而有钱的父亲，去美国对他来说，是一件再简单不过的事。

我坐在朋友家宽敞、装饰豪华的客厅里，喝着美国的可口可乐，吃着美国的大杏仁，看着朋友和他父亲谈笑风生，想象不久他们一家将远赴美国，享受舒适的美式生活，再想想自己那狭小的蜗居、微薄的收入、黯淡的事业，不禁有些心情沮丧。就在这时，朋友的父亲问我说："听说你和朋友合建了一个网站，现在经营得怎么样？"

"还那样。没什么进展。"我有些无精打采地说。

"我觉得这个想法很好，好好经营会有发展的。"

"可是没有资金，很难再往下发展。我们比不了您，您想做什么就能做成什么，我们不行，想做点儿什么太难了。"

"做一件事情，你可以把它想得很容易，也可以把它想得很困难。如果很容易，我劝你最好别做，因为那做不成，如果能做，就是个陷阱，因为真正地想做成一件事情，一定是很困难的。"

我有些似懂非懂地点点头。他看看我，说："来，我带你参观一下我的家。"

他穿过客厅，走到最里面的一个房间，打开房门，让我进去，房间里面堆满了东西，看上去显得有些拥挤，但并不乱，因为每样东西摆放得都很整齐，左侧摆放着一架钢琴，钢琴上面，放着几栋大楼的模型和一部手机，这三样东西我都很熟悉，可以说，这些是他经商成功的证明。我又把视线转向右侧，这边摆放的东西比左边多得多，有留声机、传真机、录音机、电吹风、童鞋、石英钟、汽车后视镜等十几样，我越看越莫名其妙，不知道这些东西摆在这做什么。

“左边的这三样东西我不说你也知道，是我成功的作品，可右边的这些东西，你就不知道了。现在我来告诉你，这些也是我的作品，不过都是失败的作品。别人都只看到我成功的一面，可我失败的一面，没有人看到，只有我自己最清楚，我失败的作品，比成功的多好几倍。所以，年轻人，我能给你的忠告是：没有一种成功是偶然的，每一个成功者，都曾经失败过。他成功的作品，一定比失败的作品多几倍。只是别人不知道罢了。”

那一刻：我忽然明白：为什么我们每个人总羡慕别人的成功，总觉得他的成功比自己来得容易简单，因为他失败的一面，我们看不到。

不要卖掉自己的田

十年前，我在一所学校教书。有一天下午，我在学校的阅览室备课，累了，就随手拿了一本杂志浏览。在杂志的扉页上，是一篇写三毛的文章，三毛是我喜欢的作家，我读着读着，突发灵感，就拿起备课本，写了一篇散文。这篇文章后来发表在一本散文刊物上，是我的第一篇作品。

以后的五年时间，我一直坚持业余写作，直到我调到一家报社做记者。写作成了我的职业。我做的是经济新闻记者，每天采访企业家、成功者，对我这个在学校围墙里工作多年的人来说，他们的世界是一个喧哗的五彩世界，我才知道，我的天地多么小。

以后的三年时间，我大部分时间都耗在企业中，和企业家们交往、周旋、忙碌，为他们树碑立传，歌功颂德，顺便换取广告赞助，或为朋友牵线搭桥，联系点业务，经济上收入颇丰，却总有囊中羞涩之感。散文写作几乎全盘放弃。

有一天，我去拜访我的老师——一位著名作家，他在我初写作时给过我许多帮助。他看见我，热情地打招呼，问我最近忙什么。我就告诉他，我最近正在和企业运作一些事，如果合作成功的话，我可能会离开报社，到企业去工作。

老师听了，点点头说："到企业去，多一些体验也好，不过不要忘了写东西。"

我有些不屑一顾地说："都什么年代了，谁还写那些小玩意儿！"

老师看看我，没说什么，回过头去看电视。电视画面上是一块美丽的大钻石，主持人介绍说："这就是目前世界上最大的一块钻石，价值连城。"我看着这块光彩夺目的大钻石，感叹地说："我这一生奋斗的结果，能拥有这块钻石的千分之一，也就满足了。"

老师把电视声音关掉，只留下画面。他看着我，问：“你知道这块钻石是哪产的吗？”

我摇摇头。

“它就是一个很好的故事。在印度戈尔孔达，有一个农夫，他在他的田里的河边发现一块美丽的石头，就把它带回去给孩子玩。孩子玩腻了，就把它放在窗户下，人们渐渐忘了它的存在。有一天，一个流浪的僧侣经过，向这个农夫要求借宿一夜。农夫一家热情接待了他。僧侣很感激，他告诉农夫和他的家人，不远处有条河，河岸盛产钻石，只要找到一小块钻石就可以变成有钱人。

“第二天僧侣走了。农夫一直想着僧侣说的话。于是，他卖了他的田，去寻找僧侣所说的那个河岸。这一走就是五年，他受尽磨难，到处寻找那个盛产钻石的河岸，始终没有找到。在寻找的过程中，他终于知道什么是钻石。当他身心俱疲、悲观失望地回到家，他简直无法相信他的眼睛——偌大的钻石就躺在他家的窗户下！这个时候，他记起来了：他捡到钻石的那个河岸，就在他拥有的田里！

“这块农田后来变成世界上最大的钻石产地之一——戈尔孔达，这块被孩子们玩厌了、遗忘在窗户底下的石头，变成世界上最大的一个钻石。”说到这，老师停下来，看着我：“在我认识的年轻人中，你是最有写作天赋的。不要轻易卖掉属于自己的田！最伟大的钻石也许就在这块田里，你现在需要做的，不是去寻找钻石的河岸，而是要学习认识自己的钻石。”

捷径

他天资聪颖，很善于为自己捕捉人生机会。1977年恢复高考，他敏感地意识到这是一次机会，他找来书本，找辅导教师，突击补习三个月，一举迈进大学校门，成为“文革”后中国第一批大学生。大学毕业前，他不失时机地和系主任的女儿谈上了对象，如愿以偿地留校。20世纪80年代末90年代初，中国改革开放，商业大潮滚滚而来，他不甘寂寞，利用学生家长的关系，搞起了第二职业，煤炭、医药、钢材、水泥，什么紧俏卖什么，当然卖的不是货，是批条，因为紧俏的东西市场买不到，所以批条就是钱。一张条子少则几万多则十几万，出手后再把赚到的钱分给写条子的人一部分。很快，他就成为先富裕起来的那部分人。回忆自己几年来走过的路，他总结出自己的成功学——走捷径，用最少的投入获得最大的产出。

家里的存款超过六位数后，他索性辞去公职，把第二职业变成了第一职业，他要做全职商人，在商海里大干一番，因为在他看来，经商很简单：商人就是分配钱的人，运用加减乘除，只要把该给别人的钱分配好了，自己银行里的钱就会成倍增长。

他不再仅仅满足于倒卖批条，他成立了自己的公司，在卖批条的同时，他要投资做别的生意。经过多方考察，他和台湾一位客商签订协议，代理销售中英文电子词典快译通。他招兵买马，做广告，跑客户，一点一点推广市场，经营了半年，市场有了一定进展，但他觉得太慢太辛苦，和卖批条相比，效益太低，不符合他的“用最少的投入获得最大的产出”的“捷径论”。所以他就放弃了，转给别人经营。

后来他又经营电脑，同样的缘故，他又放弃转给别人了，再后来他又经营电话机、传真机，不久又转给别人了。再后来，他又经营手机、传呼机，又都同样转手了。再后来，市场放开了，商品过剩了，批条不好用了。而他当初转给别人的经营项目经过别人之手的努力，现在都在为别人带来一定的商业利润，虽然这样的利润当年在他眼里曾经不以为意，但是在今天市场经济已经成熟的微利时代却十分可观。

此时的他，只好从头再来，他在新建的电子城租了一个门面，从别人手里批发来手机、传呼机，开始零售。从前卖一台手机赚一台，现在卖一台手机的利润不足百元。因为微利，他不舍得雇用人，每天自己进货，卖货，跑客户，十分辛苦。他虽然并不甘心，但已别无选择。

成功需要时间。在人生进程中，有些成本是不能节约的。如果你总是期待走一条无须费力的捷径，而不是走努力工作这条自然的路取得成功的话，那代价将会是双倍的。

第三章

处世之道

成功有多种方式，并非局限在发财致富、显赫和拥有权势之内。如果能够按照你的意愿做人，而又表现得坦淡自若，那么你就算得上成功了。

宽恕别人就是爱自己

诺贝尔和平奖获得者、南非黑人领袖纳尔逊·曼德拉是一位国际政坛的风云人物，他一生都致力于反对政府种族歧视政策、推进南非民主进程的斗争，并因此遭到当局监视而被捕。在他度过了长达27年失去自由的监禁生活后，1990年2月10日，南非政府宣布无条件释放曼德拉。

已是72岁高龄、两鬓斑白的曼德拉，走出监狱的第二天，即投入到自己钟爱并为之奋斗一生的为争取民族独立和解放的运动中，并在南非首次不分种族的大选中获胜，成为南非第一位黑人总统。有5万人参加了就职典礼。就职典礼后，曼德拉设宴招待各国特使、来宾，他先致辞欢迎大家的到来。他说，他深感荣幸能接待这么多尊贵的客人，但他最感到高兴的是当初他被关在罗本岛监狱时，待他以礼的3名前狱方人员的到来。接着，他邀请他们站起身，一一介绍给大家。

在场的人无不为之感动。这些人中，有一位就是美国特使团成员、当时身为第一夫人的希拉里。受白水案牵连而接受美国司法部门调查、不时遭受媒体攻击的希拉里向曼德拉问道，如何在激流险壑、风云变幻的政治斗争中，保持一颗博大、宽容的心？

曼德拉意味深长地看了她一眼，以自己获释出狱当天的心情回答了她。他说："当我走出囚室、迈向通往自由的监狱大门时，我已经清楚，自己若不能把悲痛与怨恨留在身后，那么我其实仍在狱中。"

曼德拉还告诉希拉里，感恩与宽容经常是源自痛苦和磨难的，必须以极大的毅力来训练。自己年轻时性子很急，在狱中学会控制情绪才活下来，他的牢狱岁月给他时间与激励，能够深入自己的内心，学会处理遭逢的苦痛。

曼德拉博大宽宏、乐观向上的精神深深地感动了希拉里，她暗暗告诫自己：要试着像曼德拉那样，以宽宏的精神处理生活中遭逢的苦痛。1998年8月的一天清晨，当她的丈夫、美国总统克林顿向她承认自己和莱温斯基有过不当亲密关系时，她愤怒得像一头狮子，冲着他大吼大叫。回忆当时的心情，希拉里在回忆录中这样写道："如果仅作为他的妻子，我真恨不得扭断他的脖子。但他不只是我丈夫，他同时也是美国的总统。无论如何，他领导美国与国际社会的风范依然让我敬佩。"

就像我们知道的那样，希拉里最终宽恕了自己的丈夫。她以常人难以想象的毅力控制住自己的情绪，像往常一样投入到工作中，利用工作、假期旅游、向朋友倾诉、阅读和散步等方式抚平内心的伤痛，化解难言的愤怒，重拾起生活，投入到自己所热爱的事业中去。

再没有什么比失去自由和被自己所爱的人背叛更痛苦的了！身为女人，如果能够选择的话，我宁愿不要希拉里那样的荣耀，也不愿经历她那样的痛苦。但是，谁又能保证自己永远远离痛苦呢！在我们的一生中，快乐和痛苦经常是交替出现的。所以当痛苦袭来时，我愿意试着像他们一样，把悲痛与怨恨抛在身后，乐观地向前。不是为别人，而是为自己。因为，人的心也是一所监狱，如果深陷其中无法自拔，成为自己的囚徒，这才是最大的痛苦啊！

宽恕别人，就是最深地爱自己。

慷慨的吝啬

我一直以为自己是一个慷慨的人，因为我很喜欢送东西给别人。

买了新衣服，穿过几次或者根本没穿，不喜欢了就送给叔伯家的堂妹。圣诞节、生日聚会收到许多玩具、饰品，挑出自己最喜欢的，剩下的随手送人。我周围的亲戚、朋友几乎都接收过我的小礼物，他们一定喜欢并感谢我，我以为。

但是，父亲却不这样认为。在他看来，这表面上看是慷慨，其实是吝啬。他一再告诫我：不要随随便便送东西给别人，特别是自己用过的不喜欢的东西。

对此，我不以为然。

有一天，父亲带我去拜访他的上司，过去他们曾是朋友。

因为过去是朋友，他对我们非常热情，又因为现在是上司，这热情中又多了几分矜持。父亲大概感觉出来了，和他聊了一会儿，就起身告辞。他客气地挽留我们，见我们执意要走，就转身对老伴说："把家里的苹果给他们带点。"父亲客气地谢绝，但是他们执意要给。

夫妇俩进了储藏室，我和父亲站在门口等了半天，他们拿了一箱苹果出来。

回到家，我和父亲把苹果拿进屋里，打开一看，里面是一些皱皱巴巴、比鹅蛋大一圈的小苹果。我忍不住大叫："什么破玩意儿？还没有咱家的好！扔了都没人要！"

父亲指指地上的苹果，说："这些苹果至少告诉我们两个信息：第一，这是别人送的，如果是自己买的就不会放这么久。第二，这是他们吃不了挑剩的，扔了又觉得可惜，就顺便送给我们，想让我们感谢他们，结果正相反。"

我看也不看那些苹果，哼了一声："哼，什么破玩意儿！"

父亲看着我，说："你刚才说的什么？你再重复一遍！"

"我说：什么破玩意儿！"我看着父亲，一时没明白他的意思。

"对，什么破玩意儿！你要永远记住这句话。当你把自己不喜欢、不需要的东西送给别人时，你得到的就是这句话！"

我的脸一下红了。我想起以前送给别人的那些穿过的衣服，挑剩的玩具、饰物，当他们回到家打开时，他们也一定说过相同的话。

父亲看着我，说：“记住，不要把别人当傻瓜。他会和你一样，知道这东西的价值。要么不送，要送，就把自己认为最好、最喜欢、最舍不得的东西送给别人。”

直到现在，我还清晰地记得父亲当年说的这句话，它让我终生受益。现在，我再也不随便送东西给别人了。

你可以还击

那一年，我带女儿回故乡看望父母，顺便去拜访中学时的班主任老师。

久未见面，想要说的话特别多。可是，我们的谈话不时被女儿打断。我嫌她烦，就把她支到外面去玩，嘱咐她不要走远，不要和人打架。女儿答应了一声，一蹦一跳地走了。

可是，过了一会儿，她又回来了，一身泥巴，满脸委屈。

“怎么了？我不是告诉你不要和人打架吗？”我责备她道。

“我没有打架，是那些小朋友欺负我。他们说我是外地人，不让我玩滑梯，还把我推倒了。”女儿噘起小嘴，声音带着哭腔。

“不许哭！他们推你，你也可以推他们呀！我不是告诉过你，不许和别人打架，但是如果别人打你，你可以还击。”

“可是——他们比我大，我打不过他们呀！”

“如果用武力不行，就用智力。动动脑子想办法。记住，哭是最无能的表现，你要想办法还击。”我拍拍女儿的头，叮嘱她道。

女儿眨了眨眼睛，似懂非懂地点点头，转身出去了。

我回过身来，继续和老师说话，却一时想不起刚才讲什么了。

“哎，老师，刚才我们讲到哪了？”我问。

“讲到‘你可以还击’。”老师抬起头看看我，声音低低地说。

“我不是说这个。”我转过脸去，避开老师的目光。

“但我想和你说说这个。我没有批评你的意思，别人打你，你应该还击。这没有错。问题是，选择什么方式还击。”

老师停顿了一下，然后话题一转：“你还记得我给你们讲过英国唯美大师、才子作家王尔德吧？”

我点点头。

这位风流倜傥、才华横溢的作家，一生充满戏剧性。他刚过不惑之年，就以《理想丈夫》《不可儿戏》等名作成为伦敦红极一时的名人，登上事业的巅峰。就在他志得意满、如天之骄子、充当着命运的宠儿时，命运和他开起了玩笑。他交往多年的好友——同是牛津学子的阿尔弗莱德·道格拉斯与父亲昆斯伯里侯爵之间多年不睦，侯爵自然迁怒于儿子的好友，一直想当众羞辱这位才子作家。

就在《不可儿戏》上演后第五天，侯爵去王尔德常去的俱乐部，把自己的名片留给侍者，上面写着：致奥斯卡·王尔德——装腔作势的鸡奸客。王尔德见到此内容后愤然大怒，不顾好友劝告，对侯爵提出控诉。审判的结果，侯爵无罪开释，反证王尔德有同性恋行为，因而被捕，被判入狱服刑两年。法院同时宣布他破产，财物被拍卖一空。就这样，王尔德的命运在一夜间急转直下，从受人尊敬的作家成了人人唾弃的阶下囚，身心受到重挫，遭受到常人难以想象的折磨。出狱后，他客居他乡，不到四年就因病辞世。

“其实，王尔德在看到那张写有污辱字句的名片时，本可以把它撕成碎片，一笑了之，回家写自己的文章，让侯爵一个人在家生闷气。这也是一种还击——不战之战。可惜，他选择的是另一种。”

《圣经》上说，别人打了你的左脸，你再给他右脸。可惜大多数人都做不到。几乎每个挨打的人，差不多总是毫不犹豫地伸出拳头，结果受伤的却是自己。

报复

因为工作中出了差错，科长批评了他。他不服，就和科长吵了起来，月底发工资时，没有他的，科长扣发了他一个月的工资，

300元钱。他怀恨在心，下决心要报复他，让他痛苦，让他难受。

下班回到家，妻子管他要钱给孩子买衣服，他拿不出来，妻子数落他，他更加仇恨科长，更想要报复他。他把自己一个人关在房间里，想了几个报复他的方案，砸碎他家玻璃，找人打他一顿，但都觉得不够狠，不够让他痛苦难受。正想着，儿子跑进来，拿了玩具又跑出去玩了。望着儿子的背影，他眼睛一亮：对了，杀了他的独生儿子，他一定痛苦难受。

那天，他请假没有上班，买了几瓶酒，一个人喝，下午，他从工具箱里拿了一把锤子放在大衣兜里，离开家，坐车去了科长家。他以前去过他家，也知道他刚上小学的儿子每天上午上学，下午在家。他敲开了科长家的门，小男孩认识他，喊了声叔叔，就放他进来。他告诉小男孩说是他父亲让自己来的，他父亲一会儿就回来。他和小男孩聊天，一支接一支抽烟，内心在激烈地斗争着：做，还是放弃？在进屋整整两个小时后，他最终举起了锤子。

男孩倒在地上，他扔下锤子，匆匆跑了。他跑到市郊坐长途客车到沈阳然后坐火车到了新疆，在一个矿上做苦工。

最初的时候，他一想到科长回家推开门看到那种惨状痛苦难受的样子，他心里就有一种报复后的快感。可是，这样的快感仅仅持续了一个月，一个月后，科长痛苦难受的样子在他眼前消失了，只剩下小男孩满身血迹倒在地上的惨状。他心里充满恐惧，晚上常常做噩梦，常常从梦中惊醒。他一会儿梦见小男孩在痛苦地喊，一会儿梦见警察来抓他，心一阵阵撕裂般地疼。他就拼命地干活，挖煤，背石头，干最苦最累的活，不让自己停下来，一停下来，他就想，一想就痛苦，难受。

这样熬了一年，那天，早晨起来，他就感到胸闷，上不来气，难受，他一算，正好是小男孩周年。

他把身上的钱都买了纸，跑到山上没人的地方，为小男孩烧纸。以后，每年的这一天，他都上山来，给小男孩烧纸。这样过了六年，他从新疆，到黑龙江，挖过矿，要过饭，捡过垃圾，吃过无数苦，他尝试用尽各种办法，以抵自己心中的痛，结果，他还是失败了。在过了六年炼狱般的非人生活后，他再也忍受不了，几乎精神崩溃了。最后，他坐上火车回到家乡，到公安局自首了。

他说："这六年让我明白：报复是把双刃剑，在刺向别人的同时，那一端深深地刺向自己！"

帮助敌人

作为美国汽车业鼻祖的福特汽车公司，多年来一直是通用汽车最大的敌人。但是后来，福特公司由于经营、管理等多方面的原因，走向衰败。到了20世纪40年代，福特已经深陷困境，濒临倒闭。

1943年，亨利·福特的儿子埃兹尔不幸去世。1945年，老福特的孙子、年仅28岁的亨利·福特二世，一个被大学劝退、没有任何经验的年轻人将接管公司，对此，通用汽车的主管及员工无不感到庆幸、欣喜，但是通用汽车的总裁斯隆先生却忧心忡忡。他向与通用往来的摩根银行提议，设立一个企业联合组织，提供必要的资金支援福特公司。对此，通用汽车的许多人都不理解。

不仅如此，亨利·福特二世掌握公司后，立刻着手对公司的人员进行重整，他采取的第一个行动就是大举从通用挖人。新任福特公司总裁布里奇就是通用前主管，还有一些和他一起跳槽到福特公司的人，也都曾在通用担当重任。通用的高级主管对这些跳至敌方阵营的同僚恨之入骨，斯隆却相反，对他们的“叛逃”不仅不进行阻拦、攻击，反而表现得十分欢喜，并且大力支持，帮他们争取在通用的退休金和利润分成，使他们不会因为跳槽而减少自己在经济利益上的损失。

对此，通用的高级主管非常不解，非常不满：“为什么要帮助我们的敌人？”

斯隆回答说：“为了通用好。福特公司如果倒闭了，就会被政府接管。那样，就会对通用不利。30多年来，福特汽车一直是美国最大的汽车生产商之一，也是我们通用汽车最大的竞争对手，也就是我们的敌人。但是，通用汽车能有今天，除了要感谢大家的共同努力，还要感谢我们的敌人——福特汽车，因为他们的竞争，我们通用才会发展到今天。”

人们常常憎恨自己的竞争对手，但是却忘了，你能有今天，也是因为你的对手，是你的对手逼迫你强大。如果有一天，你没有了对手，你就变成一个赤裸的王国，逐渐走向衰败。

另一个自己

一位年轻人，大学毕业后进了一家保险公司，做业务员。开始，他雄心勃勃，准备大展宏图。可是做了一个月，工作没什么进展。他有些灰心，硬着头皮继续做，第二个月，仍然一点成绩也没有。他不是吃个闭门羹，就是被人拒之门外，偶尔遇上好顾客，也是三言两语敷衍了事，一笔业务也没谈成。他垂头丧气，跑去找经理，准备辞行，从此离开保险这一行。

经理看着他，说：“你为什么不留下来，再试一试呢？其实保险很好做，你只要每天让自己变得可爱一点就行了！你现在不成功，不是因为别的，而是因为你这副面孔，你回去找一面镜子，好好照一照，我想，你就应该知道为什么做不成了！”

于是，他回到家，找来镜子，对着自己一照，不禁一愣：镜子里面露出一个紧锁的眉头，一副下垂的眼角，一对耷拉的耳朵，一张紧闭的嘴。他看着看着，忽然明白了经理说的话：这副愁眉苦脸的样子，连自己看了都有些不舒服，别人看了会有何感受！遇上谁，都会想赶快把他打发掉！哪里还有什么心情和他谈保险呢？

于是，他对着镜子，开始改变自己。他先是轻轻笑一笑，可是笑得太轻了，不细看感觉不到。他又大笑一些，可是这次，又笑得太大了，鼻子两侧露出两道深纹，嘴也显得大而难看，眼角两侧堆满了皱纹。于是，他慢慢往回收，一直收到他满意为止。现在，镜子里的那张脸显得可爱多了！

第二天，他就带着这张看上去显得可爱的脸去拜访客户，虽然没有谈成业务，但是，客户不像以前那样急着赶他走了，而是停下手头的事情，和他聊上几句。

他决定改变自己，让自己变得更可爱一些。从此，他每天晚上回到家，总要对着镜子练习，挑出不满意的地方，然后改进。等到面目表情完全让自己满意了，挑不出一丁点儿毛病，他又开始练习言谈举止，说话的语调、节奏、声音以及内容，在什么时间、对什么样的客户，说什么样的话，说话时手放在哪里，身体朝什么方向，脚站在什么位置，一一设定，反复练习。每天早晨，他离开家前，都要对着镜子，把自己调到最佳状态，使自己看上去十分可爱，再离开家门。

一年后，他的工作业绩在全公司排名第一。

这时候，他和同事们不约而同地发现：他和一年前已经完全两样，好像根本不是一个人，而是另外一个人了！

古人说，江山易改，禀性难移。其实，这句话现在看起来，也并不完全正确。其实，人是完全可以改变的。如果你想成功，首先要让别人接受你。如果别人不接受你，那么你就只能改变自己。每天改变一点点，每天让自己变得可爱一点点。用不了多久，你就会发现：你会变成另一个自己！

两个朋友

一年前，母亲带着他，嫁到了这里。新家在一个旧楼的二单元三楼，一共住着三家，母亲上班，他上学，放了学就在楼前玩，时间长了，和同单元同楼层邻居家的两个和他年纪相仿的男孩子——大力和小明熟了，成了朋友。三个人经常在一起玩，有时候大力和小明讲起自己小时候有趣的事，他就在旁边听，但从不说自己以前的事。问他，他就笑一笑。母亲叮嘱过他，一定不要让别人知道自己的身世。可是，不知为什么，后来他们还是知道了他的身世，知道了他父亲是一个日本人，他身上有一半日本血统。

那天，在外地的哥哥来这里看他和母亲。哥哥坐了一天一夜的火车，饿着肚子，还没吃饭。母亲赶紧给他做饭吃，可是家里没有醋了，已经很晚了，商店都关门了，母亲让他去邻居家借一点。他拿了一只小碗，走出家门，先敲旁边大力家的门。大力开了门，见是他，冲他瞪圆了眼："你来干什么？"

"我哥哥来了，家里没醋了，我妈让我来你家借点。"

"告诉你，不借！日本人杀了那么多中国人，我恨死日本人了。我要和你断绝朋友关系，以后你再也不要到我家来。我也不会再和你玩。"说完，大力狠狠地把门关上了。

他站在门前，伤心了半天，想了想，转身又去敲小明家的门。小明妈妈开了门，见是他，喊了声小明，小明从屋里出来，看着他。

"我妈让我来借点醋。我哥哥来了。"他小声地说。

小明看看妈妈，他妈妈朝他使眼色。小明接过碗，说："你在这等着。"小明一转身进了厨房。他听见一阵声响，像是液体流动声，过了一会儿，又听见一阵声响，比刚才大。小明端着碗出来递给他。他拿回家，母亲做好菜，尝了一口，自言自语地说："这醋怎么一点儿味也没有呀？"他端起醋碗，喝了一口，淡淡的，几乎没什么味。他忽然明白了，为什么刚才有两阵声响，小明只给他倒了一点点醋，而加了许多的水。

十几年后，中日建交，他父亲从日本来找他，接他和他母亲去日本。那时候，很多人都想出国，大力和小明也想去日本，大力的妈妈和小明的妈妈来找他母亲做担保。母亲和他商量，他想了想，说："给大力办。"

母亲不解，问："为什么？当年他和你断交，借点醋都不给，还是小明借的。"

"日本人杀害了他爷爷，他恨日本人，不借给我醋我不恨他。

他不理我，不和我来往，但他从不背后骂我，我心里还是把他当朋友。小明虽然借了，却背着我往里加水，当面和我好，背后却把我说的话告诉别人。他在我心里，早就不是朋友了。”

那一年，他丢失了指南针

他喜欢打猎，每年休假都外出上山打猎，有时一个人去，但大多数时间是和朋友结伴去。这一年，正好他的堂兄和他一起休假，他们俩就约好一起去。他们准备好行装，乘车去了北部大森林。

这是一片原始森林，一望无际，树木茂密，每一棵树木都比他们的年龄长，是非常好的捕猎地，有许多野兔、山鸡之类的小动物，引来许多游人。但是据当地的人说，林子里也有虎、狼这些凶猛的动物，所以来这里打猎的人一般都结伴而行，一般不去林子深处。

他和堂兄进到林子里，一路上，两个人结伴而行，寻找猎物。进山的第三天，他们一大早就打到了一只野鸡，紧接着又发现了一只野兔，可是野兔也发现了他们，撒开腿拼命地奔跑，他们就在后面追，和野兔在大森林里赛跑。他们追了很远，最后累得实在跑不动了，才停下来，坐在地上休息了一会儿，然后顺着原路返回。到了中午时分，他们还没有回到宿营地，按走的时间推算，他们早该到了。一定是走错路了！他们又返回去找，他们努力回想，凭着记忆，走过一片片树木，寻找他们的宿营地。可是直到天黑，他们还没有找到，他们知道自己彻底迷路了。他们内心充满了恐惧，他们带的指南针、水和食物都在宿营地里的背包里。在这样的原始森林，如果没有指南针，是很难走出去的！

天已经完全黑下来了，他们相互依偎着在树下熬过难挨的夜晚，想着如何走出大森林。他们内心很清楚，他们现在唯一的财产就是早晨出来时每个人随身带的一壶水，而要走出大森林就全靠它们了！第二天他们早早起来，看着日出，辨别方向，然后开始向南走。他们希望这是真正的南向，因为只有向南走，才可以走出这片大森林，才可以回家。

中午的时候，两个人又累又渴又饿，坐下休息一会儿，喝了一口水，然后继续走。他们走了一会儿，看到前面不远处大树旁有一团黑乎乎的东西，走过去一看，发现是一个人，一个满脸皱纹和他们父亲年纪相仿的老人。老人紧闭着双眼，躺在大树下。他蹲下身把手放到老人的鼻孔旁，发现他还活着。“看样他是和我们一样来这里打猎迷路了，大概是饿昏了。”他回头对堂兄说，然后拿出身上的水壶，想扶起老人给他水喝，堂兄把他拦住了。

“不能给他喝。我们只有这一点水，还不知道能维持几天。再说，你知道他是什么人吗？你知道我们救了他，他会不会把我们俩杀了抢我们的水喝？你没听说过农夫和蛇的故事吗？我们还是走吧。”

堂兄起身拉着他就走。他回身望了老人一眼，想想堂兄说的话也有道理，就跟着堂兄走了。可是，他越走脚步越沉重，眼前总是浮现出那个昏倒在树下的老人那布满皱纹的脸。每向前走一步，他的心就像被什么东西割一下似的难受。终于，他再忍不住了，停下来，对堂兄说："我们应该回去救那个老人，我们遇到他不去救他，就等于是我们杀死了他。"

"可是我们自己还不知道能不能活着走出去，我们救了他，就算他不会害我们，也会拖累我们，最后可能大家都得死。"

"可是如果我不回去救他，即使能活着出去，我的良心也会谴责我，我一辈子都会为这件事受折磨。我决定还是回去救他。"

"要回去你一个人回去吧，我是不会回去的。"堂兄坚定地说。

他看了堂兄一眼，转过身，坚定地沿着刚才走过的路往回走，找到那个昏倒在树下的可怜的老人，轻轻地扶起他的头，把壶里的水一滴一滴倒在他干裂的嘴里。

过了很久，老人终于醒过来了。他慢慢睁开眼，充满感激地望着他。

接下来发生的事，出乎他的意料：老人不是从别处来这里打猎的，他是一名向导，他从小就生活在这片大森林里，熟悉这里的每一片树木，为许多来这里考察的地质学家、打猎的游人带过路，他是这里唯一一位不用带指南针而能穿越这片大森林的人！

老人醒来后，带着他很快就走出了大森林。而他的堂兄，却永远地留在了这片大森林，他再也没有见到他。

一个人的良心，就是他最好的指南针。一个人只要按照良心指引的方向前进，肯定不会迷路，肯定会有路可走，肯定会有光明的前途。

以父亲为榜样

监狱一批犯人即将刑满释放，为了更好地教育他们悔过自新，回到社会上重新做人，不要重蹈覆辙，监狱领导请了当地有名的养蜂大王、养鸡大王、养虾大王三兄弟来做演讲，给他们再上最后一课。当地报社、电台的记者也来采访。养蜂大王先讲了自己奋斗过程的艰辛，讲了自己在困难与挫折面前如何不低头，如何战胜自己，并取得最后的成功。接着，养鸡大王开始讲起自己的奋斗历程。他们的演讲很生动，很成功，台下几百名犯人静静地听着，鸦雀无声。

最后，轮到养虾大王讲了，看得出他是三兄弟中最小的，他清了清嗓子，说："我的奋斗过程和我的两位哥哥很相像，我就不讲了。这里，我想讲一讲我们的父亲。父亲今年91岁了，家里养了10头牛、10匹马、10只羊、20口猪，种了40亩地。他每天早晨3点起床，把家里的牛、马、羊、猪全喂一遍，然后下地干活，一直干到天黑，晚上回家再喂一遍牛、马、羊、猪。可以说，他这一生就是这样过来的。干活，干活，不停地干活，每天除了干活，他没干过别的。以前家里穷，他要干活，现在家里富了，他还是照样干活。他年纪大了，我们兄弟和他商量，不让他再干活，让他到我们家里享清福，可是他不干。那天，我好不容易说动他把他接到我家，买了好菜好酒，让他歇一天，可是没想到，当天晚上他就病了。我急忙送他到医院，他活到90多岁这还是第一次上医院，打了一针，回来还没好，他坚持让我送他回他自己家，回到家他就开始干活。嘿，你说怪不怪，这一干活，他的病就好了！用老百姓的话说，他这人就是干活的命！他自己也常说：人活着就要干活，干活干活，干着才活，不干就不能活！

“我们家兄弟八人，从小家里穷，没读过多少书，也没受过什么教育，我们受的最好的教育就是父亲教给我们的两个字：干活！我们认准了只有干，才能活！到现在，不仅是我，我的两位哥哥，还有我的五个弟弟，我们兄弟八人全靠自己的双手成了百万富翁。这一切都是因为：我们是亲眼看着父亲如何靠自己的双手，成为村里第一个百万富翁的！”

台下静悄悄的，没有一点声响，紧接着，哗地一阵掌声。犯人们在鼓掌。记者看到角落里一个犯人没有鼓掌，低头哭泣，就走过去，问他：“我看你听了很感动，你在想什么？”

“我在想，他们有个好父亲，而我没有。”

“你小的时候你父亲没教育过你吗？”

“没有，我小的时候见不到父亲。”

“那他去哪了？去外地打工了吗？”记者又问。

“没有。那时候，他就被关在这里。别人都嘲笑我，我就和他们打仗。现在，我，我的哥哥，还有我的弟弟，我们家三个兄弟都被关在这里。所以你看，尽管我们的人生道路很不同，但是有一点是相同的，那就是：我们都以自己的父亲为榜样！”

男人的贞洁

国庆长假，我和家人外出旅行。回来第二天，我正在家睡懒觉，突然响起的电话铃声把我惊醒了。

“喂，你好，还记得吧，我们之间有个约定。”

那低沉温厚、熟悉而又有几分陌生的声音，一下把我拉回到四年前。

那时我还在报社工作，在一次采访中认识了他——这位在20世纪80年代一手策划并掀起中国钢琴热，而后进入地产界，很快便成功运作了一个巨额投资项目的人。职业的原因，我认识一些大人物，他是我所认识的人中最智慧的，博古通今，思想深邃且不张扬。我非常敬重他，每隔一段时间，就去拜访他，每次都让我受益匪浅。就在我想和他进一步接触、将来好好写一写他时，他突然告诉我，他要移居美国。我怀着异常惋惜的心情，约他一起吃饭，为他送行。

像往常一样，我们谈文学、音乐和哲学。在谈话快结束的时候，他突然问我，将来有什么打算。我告诉他我想辞职回家写作。他略微思索了一下，点头道："好啊。"

我半认真半玩笑地说："好什么好？本来我是想静下心来，练练文笔，将来好好写一写你。可你却要走了。"

他听了，宽厚地笑笑："知道吗，你是第三个对我说这话的人。"

我曾听说过，有两位作家想写他，都被他拒绝了。我自嘲地笑道："显然，我是第三个被拒绝的人了。"

他平静地看看我，声音低沉而有力地说："不，我准备接受。"

我不无惊讶地抬起头，盯着他看了一会儿，问："为什么？我默默无闻，他们的名气都比我大。"

"但他们时机不对。"

"可是——"我犹豫了一下，"我现在功力不足，恐怕难以担当此任。"

"没关系，我可以等。我给你四年的时间，这期间我在国外旅行，你在国内磨砺文笔。"

现在，四年过去了，没想到他真的回来了。

"你真守约。"我由衷地说。

"我从不轻易承诺，一旦承诺，就一定守诺。"他稍稍停顿了一下，说，"我认为，这是男人的贞洁。"

就在那一瞬间，我几乎爱上了他。

生活在这个自由开放、变幻莫测的信息时代，几乎每天都会遇到一些人，说一些过后就会忘掉的话。虽然我们彼此有约定，但其实我并没有十分放在心上。毕竟，四年的时间太长了，谁知道会发生什么事。原以为他也这样想，没想到他如此认真，信守承诺。我十分感动，感动之余，是深深的自责和羞愧。

这么多年，我对家人和朋友，有过多少次食言，恐怕连自己也记不清了。最初有一点内疚，时间长了，便成习惯。语言成了消费，娱乐自己，愉悦他人。其实这样不仅伤害别人，更是伤害自己。作为思维的载体，语言和身体一样，需要小心呵护，认真对待，要时时检点自己，看说的话是否出于诚意，能否付诸行动。因为你是它的主人，要为它负责。这不仅是男人的贞洁，也是做人的贞洁啊！

自信的重量

前不久，由于我的工作出了差错，影响了单位的收益，情绪一直很低落，从前每天上班对我而言是一件非常快乐的事，现在却变得异常痛苦。原本自信的我甚至开始怀疑起自己的能力来。好友建议我改行，我拿不准应不应该离开工作了近十年、已在业内小有名气的这份事业。正好我的一位商界朋友从美国回来休假，他知识渊博，思维独特，对事物有自己独到的看法，我非常尊敬他。我立刻打电话给他，我们去国际酒店二楼咖啡厅，找了一个靠窗的位置坐下，我迫不及待地把我最近遇到的问题和苦恼向他和盘托出，然后，我静静地看着他，等着他开口。我相信他会给我一个满意的答案。

想不到，朋友听完我的叙述，却摇摇头："没有人能替你做决定，因为这个决定很重要。"

一时间，我们都默默无语。沉默了一会儿，朋友转过头去望望窗外，问："你知道为什么现在许多人都喜欢到大酒店谈生意，并且喜欢选靠窗的位置吗？"

"因为感觉好。"

"对，一个人的感觉非常重要。"

坐在酒店宽敞明亮的大厅里，和朋友聊天，诉说心思，感觉比在家里好多了，可是并没有解决我的问题。朋友也许看出来了，就提议说："出去走走。"

我们走出酒店，在繁华的人民路上漫步。离酒店不远的马路旁边有两个小贩，看见有人来，就大声地吆喝。我们走过去，朋友停下来，指着筐里的香瓜问："多少钱一斤？"

"八块钱。"

"好，买两个。秤准吧？"

"先生，您放心，秤不够不要钱。我做生意宰钱不宰秤。"

“好，你比别的卖瓜的高明！”朋友举起右手大拇指，赞许地说，然后问，“这瓜熟吗？”

卖瓜人连声说：“熟！不熟不要钱！我卖瓜十几年了，我的瓜，个个保熟，又香又甜，掰开一甩里边的籽就出来。”卖瓜人一边说，一边从筐里挑出一个香瓜，放在手里捏一捏，又放到鼻子前闻一闻，放到秤盘里，然后又用同样的方法从筐里挑出一个，放在秤盘上就要称。朋友一伸手拦住他，从秤盘里拿出一个瓜，在手里掉个个儿，大头朝上，漫不经心地看了一眼，点点头，说：“这瓜好。”然后他又拿起另一个瓜，又掉个个儿，大头朝上，看了一眼，摇摇头，说：“这瓜不好，没熟透。不信，我敢和你打赌，掰开看看，我保证有三分之二的籽能甩出来，三分之一的籽甩不出来！”朋友用他那特有的低沉的声音，并习惯性地用眼睛凝视着卖瓜人。

开始，卖瓜人的眼神中透出几分不服气，他一会儿看看我朋友，一会儿看看筐里的瓜，最后，有点儿不耐烦的样子，摇摇头说：“我不和你赌，你到底买不买？”

“买！可你这筐里的瓜大部分都不熟。熟，我就全买！”

“那你等着，我家里还有，离这儿不远，我回去给你取！”卖瓜人和旁边的小贩交代了一句，然后转身一路小跑回家取瓜去了。我莫名其妙地看看朋友，不明白他想做什么。这么多年他在家一直是甩手掌柜，别说买瓜，平时连菜都不会买，他什么时候学会挑瓜了？

不一会儿，卖瓜人扛着一大袋子瓜回来了。他把瓜倒在地上，朋友蹲下身挑瓜，每拿起一个，大头朝上，看一眼，好的就放在秤上，不好的就放回地上，十几分钟，地上的瓜都挑了一遍。然后，朋友站起身来，从兜里掏出纸巾，一边擦手上的灰，一边说："好了，就买这些！剩下的瓜没有一个好的，好的都让我买走了！"

卖瓜人拿起秤一称："八斤！"

朋友付了钱，我拿起装满瓜的袋子，正转身要走，卖瓜人突然拿起一个大香瓜递给我们："老总，这瓜送给你，你能不能告诉我怎么挑瓜？"

朋友接过瓜，笑眯眯地摇摇头。我们拦了一辆出租车，上了车刚要走，卖瓜人从后面追上来，捧着一个大香瓜："我再送给你一个，请你告诉我怎么挑瓜！"

朋友看着他，说："送我两个瓜，我也不能告诉你！"

坐在出租车上，我忍不住问："你什么时候学会的挑香瓜？你为什么不告诉他？"

朋友慢慢地说："告诉你吧，我从来没学过挑香瓜，所以我不可能告诉他，因为我根本不知道！可是你看，他却相信我知道。你知道是什么原因让一个卖了十几年瓜、对瓜非常熟悉的人不去相信自己，却相信我这个对瓜一无所知的人吗？"

"是什么原因？"

"因为我很自信！我对瓜的了解只有我自己知道，别人并不知道。我最初开始挑瓜的时候，他也并不相信我，当我敢和他打赌的时候，他开始有些相信我了，所以他不敢和我赌。当我最后挑了八斤瓜的时候，他已经完全相信我而不相信他自己了！这，就是自信的重量！”

到现在，我才明白为什么今晚朋友买了那么多香瓜。

“好了，现在让我们回去吃瓜吧！我相信，当我们吃完这些瓜，我们就真的会挑选香瓜了！”

等待心脏

他在这个城市很有名，他的名字家喻户晓，所不同的是，他的出名，不是因为他的贡献，而是因为他犯下的罪。

很小的时候，他的父母非常宠他、娇惯他，什么事都顺从他。他贪吃母乳，母亲就一直让他吃到五岁。他喜欢别人家的东西，母亲就想办法借来或要来给他玩。他贪玩不愿意上学，母亲就一直等他玩到十岁才不得不送他去上学。在学校他不学习、上课讲话、抢同桌东西、和同学打架，后来逃课、离家出走，后来，开始偷盗、抢劫，再后来，发展到敲诈、勒索，竟伙同别人绑架并残酷地杀害了一名五岁儿童，结果被判处死刑。那一年，他刚满22岁。

行刑前一天，母亲去看守所看他。母亲一看到他，就拉着他的手哭个不停。“儿呀，都是母亲不好，害你到今天，你还有什么要求，跟我说，我一定满足你！”

他看着母亲，把脸凑过去，靠近母亲的耳朵，悄声说："我想再吃一口你的奶！"

母亲愣了一下，望着儿子，慢慢解开怀，露出已经干瘪的乳头。他弯下身，张开嘴，狠狠地咬了一口。母亲惨叫了一声！他松开嘴，望着母亲，恨恨地说："你养了我，却没有教育我。我恨你！为什么当初我贪吃你的奶时，你不阻止我？如果你那时就阻止了我，我就不会有今天这个结果！有你这样的母亲，是我一生最大的悲哀！"

"我来这个世界上一回，白白走了一遭，一点儿好事也没做，只留下一个恶名。可惜，现在说这些也晚了。我明天就要走了，我只求你一件事，也是我这一生求你做的最后一件事，你一定要做到！我死后，不要保留我的遗体，把我身上所有有用的器官都捐献出去，送给那些需要移植的患者。这也是我在世上做的唯一一件有用的事，你一定要替我做到！"

母亲难过得说不出话来，只是一个劲地点头。

第二天，他被执行枪决。母亲按照他的要求，把他的遗体捐献给医院，医院立即解剖并与有关患者联系。他的眼角膜、肾、肺和心脏都非常健康，可以移植。很快，他的眼角膜、肾、肺都被送走并移植到患者身上，但是他的心脏，却无人接受。每个患者最初听到有心脏捐献时，都非常兴奋，可是当听到捐献者的名字时，都毫不犹豫地拒绝了。患者们一致回答："他太坏了，他的心我不要！"

"人的行为是受大脑支配，和心脏无关，他的心脏是健康的。而且，你们也知道，可供移植的健康心脏非常珍贵稀少，等待心脏移植的患者都在排队，你们当中有人已经等了好几年了，如果现在不接受，下一个不知道要等待多久呢。”医生极力劝告患者们。

可是，患者还是都拒绝了：“我宁可永远等待心脏，也决不会接受这样一颗坏心！”最后的结果是：他的心脏被废掉了。他的母亲最终没能完全满足他这最后的要求。

经营信心

朋友看好国内市场，最近终于举家从美国回来。他毕业于美国名牌大学，又有在国外著名企业工作的经验，所以许多大企业、大公司都纷纷上门来聘他，并许以高薪。我想他一定会首选那些名声显赫的跨国公司吧。但是，结果出人意料，他最后选择了一家创建时间不长、中等规模的IT公司。

我备感惊奇，以他的资历，为什么不去一家更大更有名的公司呢？一见到他，我就急着问他。他看了看我，没有回答我的问题，却反问我：“你说，一个企业，最重要的是什么？”

“是钱。”提起企业，人们通常首先想到的是钱。

朋友摇摇头。

“那就是知识。现在是知识经济时代。”我又说。

朋友又摇摇头："资金、知识，固然很重要，但不是最重要的。最重要的是要有信心。"朋友停顿了一下，接着说，"如果把企业比作人的话，资金和知识就好比人的血脉，而信心就是人的灵魂，没有血可以通过输血甚至造血，来维持生命，但是没有灵魂，就等于没有生命。不管外表多么庞大，都形同虚设，只是一个花架子，用不了多久就会枯萎、死掉。所以我选择企业，不是只看重它的外表，更重要的是看重它的领导层。一个好的领导人，不仅要让自己对企业充满信心，而且还要影响周围的人，让企业的每个人都对自己的企业充满信心。他必须明白：经营企业并不仅仅是经营项目、运作资本和管理职员，要想把企业经营好，有一个美好的未来，其中最重要的一项就是——经营信心！"

经营信心，就是经营未来，无论是对企业还是对个人，它都是你最重要的资本。

谁来参加自己的葬礼

人事局局长去世了。

他是突然间辞世的，从发病到死亡，不到40分钟。所以听到这个消息时，大家都很吃惊。

不过令人吃惊的事还在后面。

首先是他的葬礼，出乎意料地冷清。除了家属、几位同窗好友，政府各部门及人事局只去了十几人，让人怎么也想不到这是曾经前呼后拥、曾提拔过数十位干部的堂堂一位局长大人的葬礼。就在辞世前不久，他举行过一次生日宴会，那时人来人往，敬酒的、祝词的、送礼的，排成了长队，真是你方唱罢我登场，好不热闹！时隔几月，竟如此不同，令人难以置信。

葬礼上的冷清场面，让他的大学同窗、在另一城市也担任人事局局长的李君十分感慨，感慨同时，又暗自怀疑，是不是自己这位老同学做人有点儿问题，毕竟相隔两地，有些事情自己不知道，要不然，怎么会只有这么几个人来参加葬礼？虽说现在世态炎凉，人情冷落，但只是来参加个葬礼，献个花圈，个把小时、百八十元就够了，又不用劳民伤财，人们怎会如此不近人情？

带着几分感慨、几分疑惑，李君回到自己的城市。上班第一天，他坐在宽大的办公桌前，想起已经过世的同窗好友，和那冷清得让人心寒的葬礼，突发奇想，拿出电话簿，拨了一串号码，是年初他刚刚提拔的张处。

“喂！张处长，你知不知道，咱们李局长昨天晚上去世了！”李君压低声音，模仿别人的语调说道。

“真的？我不知道，怎么会这样？前几天我看他还好好的。”

“听说是脑溢血发作，送到医院没抢救过来。真可惜，他才50多岁！”

“是呀，是挺可惜的。”

“哎，明天举行葬礼，你去不去？”李君故意问。

“啊——嗯——我就不去了，我明天开会，走不开。”

李君当下心一沉，啪地把电话挂了，心里骂道：“我真是瞎了眼，当初怎么会提拔这个没良心的东西！”

李君一边生气，一边翻看电话簿，打给另一位处长。结果居然惊人地相似。

他有些坐不住了，站起身在办公桌前踱了几步，不甘心，又拿起电话。

他一上午共打出十几个电话，除了一位回答说肯定去，一位模棱两可说到时候看看，尽量抽空去，其余回答都是否定，不去的理由也都一样——开会。

放下电话，李君的心彻底凉了，脸色阴沉着，像刚参加完葬礼似的。良久，他长长吐了口气，拿起笔，把这些说不去的人的名字从自己的电话簿上画掉。

一枚硬币

我们的相识很自然，我的朋友开了一家律师事务所，她是他的雇员。我猜她可能是大学毕业没多久，没什么阅历，才来这打工吧。后来，我们接触长了，我发现她业务非常熟练，有许多案子都是她一手办理的。有一次，我和她开玩笑说："你业务这么好，可能在这做不了多久，就要自己开事务所了！"

她脸上掠过一道阴影，摇摇头，苦笑了一下，说："我这辈子，恐怕开不了事务所了！我没有律师资格。"

"你可以考啊！你业务那么好，还怕考不上！"

她摇摇头，不说什么。我觉得她好像有什么心事。果然，那之后不久，她打电话给我，约我见面谈谈。

"我想了很久，决定把我的事告诉你，你可以写出来，但一定不要写我的名字。"

我看看她，郑重地点点头。

她把手伸到颈后，解下脖子上系的一根红线，我以为上面拴着玉坠或长命锁之类的东西，但不是，是一枚很普通的一元硬币，只不过中间穿了一个眼。

"我的人生，可以说，是从这枚硬币开始的。那一年我17岁，刚参加完高考，在家闲着没事，就去我姐姐那儿玩。她当时租了一个服装摊位卖女装，生意还不错。那天她有事出去，我就帮她看摊。来了几位顾客，我正忙着，又来了一位女顾客，20多岁，穿着很鲜艳，陪她一起来的还有一位中年男人。我一看就知道他们关系暧昧，她是情人或二奶之类的。这种女人我本来就看不起，加上她那副趾高气扬的样子，我更看不惯，我不怎么理她，想快点儿打发她走，可是她就是不走，好像故意和我作对，一会儿让我拿这件，一会儿让我拿那件，挑来挑去，折腾一顿，最后一件也没买，走了。

“我心里这个气呀，一面在心里骂她，一面收拾被她翻乱的衣服。这时候，我发现在衣服下面，放着一个钱包。我打开一看，里面放着厚厚一沓钱和一个3万元的存折。一定是那个讨厌女人的。我第一个念头就是：不给她！我把钱包藏在衣服最下面。我刚藏好，那个女人就进来了，她用怀疑的目光看着我，又看看四周，问我看没看见她的钱包。她刚进来的时候，我有点犹豫，可一看她那样子，心里一气就说没有。她用哼了一声，就要动手找，我不让，我们俩吵了起来，后来她就走了。

“看着她的背影，我想：还是还给她吧！可是又气不过。我犹豫着，把手放进衣兜里，正好摸到一枚硬币，当时刚发行一元新硬币不久，我特意换了一枚。我想：干脆抛硬币决定！如果数字在上面，就还给她！于是，我就抛了硬币，结果数字在下面，我没有还给她。”

说到这，她停下来，看看我，摇摇头，说：“后面的事，我想你已经知道了。我的大学录取通知书和判决书是同时下达的，我考上了北京一所大学，但是我已经没有资格去了。我将在监狱里度过五年。”

她摆弄着手里的硬币，我无法想象，她每次看到这枚改变她命运的硬币时，会怎么想？

“我一直把这枚硬币带在身上，每次看到它，我都想：如果当初我选择了另一面，会是什么样？”

是呀，如果当初选择了另一面，她的人生将是另外一面。可惜人生不能假设。

“不过，我现在已经不这么想了。即使选择了另一面，结局也一样，以后还会犯类似的错误。人生有很多十字路口，在每一个路口前，就算极尽所能、谨慎认真地选择也不可能完全避免出错，何况放弃选择，把命运交给一枚小小的硬币呢！”

最高礼物

我们是在朋友的聚会上认识的。

因为正值春节，我们的谈话很自然讲到春节，讲到送礼的事情上。

“真不愿意过节，过节就得送礼，上上下下，都得打点。”朋友感叹道。

“所以春节最好的去处就是回家。像我，每年都回父母家过春节，省去送礼的麻烦。”

“麻烦倒在其次，问题是现在的礼越来越重，越来越送不起了。”朋友说，接着，他又谈起，谁给谁送什么礼物，价值多少钱，有多么贵重。

我们谈的时候，他一直坐在旁边听，默不作声。直到我们都停下来，看着他，他把视线移向窗外，慢慢开口说：“我知道的最贵礼物，是我父亲送的。”他讲起他父亲的故事。

“我父亲有一位最好的朋友。他结婚多年，一直膝下无子，他非常想要个孩子。他大哥见他望子心切，就把自己的三儿子过继给他。他对这个孩子特别好，这个孩子也争气，学习成绩在班级中排在最前面。他大哥就有些后悔把孩子给了他。等到这个孩子读高中时，他大哥就给要回去了。他非常伤心，病了一场，我父亲就去看他。看到他伤心难受的样子，我父亲就安慰他说：‘好兄弟，别难过，我的孩子就是你的孩子，你就把他们当成自己的孩子吧！’

“他苦笑着叹了口气，说：‘话虽然这么说，可是做不到啊！我自己的亲大哥，都这么狠心无情，把孩子送给我又要回去。我这辈子就是无儿命了。’说着，他就哭了。人都说男儿有泪不轻弹，我父亲也哭了。我父亲说：‘我们兄弟一场，有福同享，有难共当。我的三个孩子，你看好哪个就要哪个。你明天就去我家，看好哪个就领走。我绝不反悔。我相信你，孩子跟你和跟我一样，我知道你不会让他受苦。’”

“那后来呢？”我问。

“第二天，他去我们家，我们家有三个孩子，我最小，才两岁，我姐姐六岁，我哥哥四岁。他就把我哥哥领走了。可是我哥哥已经记事了，说死也不去，好不容易给骗去了，待了三天，又自己跑回来了。他第二次来我家，把我领走了。”

“那后来呢？”我问。

“我被他抱走以后，我母亲老想我，偷偷地去看我，我养父怕再像上次那样，再把我要回去，留不住我，就带着我，把家搬到这里。他们对我非常好，像亲生儿子一样。不，应该说，比亲生儿子还好。他从来不舍得打我，不管我怎么淘气、顽皮也不打。有时候我真想像别的孩子那样，淘气后让父亲打一下，然后再跑到父亲怀里撒娇。可是他没有，一次也没有。我想这也许是因为，他始终把我当成——当成一件最高礼物。”

“你，恨你父亲吗？他把你送给别人。”我忍不住问。

“不，我不恨他。他是一个真正的男人。他能真正视朋友情同手足，看见自己的朋友痛苦难受，就把自己的儿子送给他。现在还会有这样的男人吗？你最好的朋友，最多也只会把他自己多余的东西给你。”

一步到位的开店方式

朋友从日本回来，想投资开一个日式料理店，我帮他选择地点，我们跑遍了整个城市，看了无数的房子，最后他从中挑选出十个，列为准店，把它们在位置、环境、布局等方面的优劣一一列成清单，反复比较，从中优选出三个，然后把这三个店在位置、环境、布局及服务内容等方面列成一个更为详细的调查表，委托一家信息咨询公司做市场调查，根据调查反馈，最后确定其中的一个。接下来开始装修，朋友请来装修公司，详细地讲述他的意图，对方耐心地听着，我也在一旁听着，开始还为他的认真感动，到后来就有些不耐烦了，他也真是太精细了，不仅店内所有的空间包括门厅、厨房、卫生间里的每一个角落都不放过，而且，店外远至百米的路段也做了精心布置，简直精细到极点。我看着他，突然感觉有些陌生，原来挺豪爽大气的一个人，几年不见，怎么竟变得婆婆妈妈，心细如针。

店终于按照朋友的要求装修好了，进到里边，给人的第一感觉是舒服，第二感觉还是舒服。你能想到的他全想到了，你没想到的他也想到了。可他还不放心，让我们帮他挑毛病，看看还有什么没想到的地方。我看着他，越发觉得他陌生了，从选店到装修，不仅多跑了许多路，多花了许多钱，更重要的是，多花了许多时间。如果换成我，现在早营业赚钱了。可他还在这挑毛病。我说："挺好的。赶快开业吧，早开一天早进钱。"

朋友看着我，说："正式开业还要等一个星期。从明天开始，我请你带朋友来吃饭，全部免费，但有一条，每吃一次，至少要提一条意见。"

"为什么？"

“因为在日本，不能让客人等待超过五分钟，不能让他有任何不满意的地方。现在开业，我没有把握，所以我付费请咨询公司替我找最挑剔的顾客来，如果你方便也请你来，多挑毛病，拜托了！”

“你也太认真了，这是在中国，不用这样，要我说，先开业，发现问题再说，现改也来得及。”

“不，我不能拿顾客做试验。在日本，我做过调查，开业最初十天进店的顾客，基本上就是你店里的长期顾客。如果你在这十天留不住顾客，你就得关门。”

“为什么？”我有些不解，“一个新开的店，有点儿不足是难免的。客人也会谅解的，下次改正就行了。”

“不，在日本，没有下次，只给你一次机会。我刚到日本和日本人初交往时，觉得他们很傻，你说什么他们都信，你如果想骗他们其实很容易，但是他们只给你骗一次，以后他们永远不会和你来往。在日本，只要是你本人的原因犯了错，你就得走，你不能说：‘对不起，这次我错了，给我机会，我保证下次改。’没有下次，只给你一次机会。”

我看着朋友，突然明白了为什么这些天来，他如此认真，如此精细。这个在我看来没什么了不起的料理店，在他看来，仅次于他的生命，因为他深深知道，这是他的第一个店，也是他最后一个店，成败只此一次，没有再一，更无再二。

带钱谈恋爱

朋友的女儿考入北京一所大学，他这个做父亲的自然非常高兴，摆了一桌宴席，请我和几位好友。席间，我们少不了说些祝贺的话，然后，我问他："现在大学生谈恋爱比较普遍，你有没有和女儿谈过这个问题？"朋友点点头，说："谈过了，我已经表明我的态度：不鼓励，也不阻止。"

"那么——"我又问，"你打算每月给女儿多少生活费？"

"这个嘛，还没有最后定，我打算送她去学校，看她同学家里都给多少钱，我们取平均数。"

几天后，父亲送女儿去北京，到学校后一问，和她同寝的三位同学中，一位是贫困生，家里每月只给200元，一位父亲是老板，每月生活费千元以上，还有一位叫纹纹的，父母也是工薪族，每月家里给600元。班里大多数同学家里也都给这些。于是，他就把女儿的生活费锁定在这个数字上。

一个月后，父亲要去银行往女儿的一卡通里存钱，先打电话过去问："600元钱够不够？"女儿回答说："够了。"父亲放心了，嘱咐说："想吃什么就买，别亏自己，也别和人家老板的女儿比，你只要和纹纹保持同等生活质量就行。"

女儿听了，半天没作声。父亲觉得有点奇怪，就问："怎么了？"

女儿犹豫了一下，说："爸爸，我不知道该不该说。"

“有什么事快说，爸爸帮你分析，提建议。”

于是，女儿说道：“纹纹和我一样，每月家里也是给600元，但她的生活质量比我高。她每天都有零食吃，每周去一次麦当劳，有时还能去必胜客。”

父亲一算，这样的话，600元钱根本不够。

“她是不是去打工了？你不要去，耽误学习。”父亲急忙说。

“没有，她不是打工，是在谈恋爱。其实也不是谈恋爱，有一次她约会回来对我说，其实她并不喜欢那个男生，只是喜欢他为她埋单罢了。我们班还有几个女生也这样，她们还嘲笑我，说我傻，可惜了这张脸。如果她们有像我这样漂亮能吸引男生的脸，根本不用向家里要钱，她们会找到愿为她们付费的长期饭票……”

父亲愕然。

放下电话，他一分钟都没耽误，赶紧去银行，给女儿的卡上存了700元钱，又回家发了封邮件。

他在邮件中写道：“亲爱的女儿，从这个月起，我每月给你700元生活费。多出来的100元，你可以买零食，去麦当劳、必胜客……记住：任何时候，都要用自己的钱埋单，这才是有质量的生活。还有，如果你喜欢某个男生，开始谈恋爱，请一定告诉我，我会每月再给你增加100元，作为恋爱经费。请你一定记住：每次约会，不要忘了带上你的钱包，你要学会并习惯为自己所爱的人埋单。这样你才有资格得到一份有质量的爱情。”

皮毛人生

“瞧，那就是我的新办公室。”朋友指着一栋大楼的一个窗口，平静地对我说。

那是一栋很漂亮的大楼，有许多个这样的窗口，其中有一个，是我这位朋友的。在这之前，他曾有过许多办公室，每一个，都比这个大，都是他自己的。八年前，他离开市委宣传部，下海经商，自己做老板。八年后，他关闭自己的第三个公司，到这家有名的房地产集团公司，负责公司的宣传策划。

“你不自己做老板了？”我看着他问。

“是的，八年来的经历证明，我不适合自己当老板。虽然我有才华，但我这种才华应该放在一个团队中，才能更好地发挥作用。八年来我的不成功之处，就在于我总想自己说了算，总想自己独立做，不愿意与别人合作。但是在商品经济发达的今天，个人独立王国是很难存在的，没有人可以一个人成功，合作是必须的。所以，我现在回到集体中，为自己找到一个依托，一个舞台。”

“有一个好集体固然好，但有时候集体也会起到一些副作用，有时候会限制和约束你发展。”我想起几年前我们初认识时，曾经讨论过这个问题，那时候他的观点恰恰相反。

朋友看出我的意思，说：“你知道，很多事情是会改变的。个人和集体的关系，按我现在的理解，就是‘毛’和‘皮’的关系。

我们平时不是喜欢说‘皮毛人生’嘛，个人就是‘毛’，要粘在‘皮’上才能生。‘皮’就是集体、团队，是一个人赖以生存和依托的舞台。从这个意义上说，我们进入社会所要做的只有两件事：一是最大限度地使自己成为好‘毛’；二是为自己找到好‘皮’，把自己粘在上面。‘毛皮’在一起才有价值，有价值才有价格。”

“可是，‘毛’是随着时间变的，变了怎么办？再换新‘皮’？”我问。

“对呀。个人成长的一个明显标志，就是‘毛’越来越好，好了就可以扔掉旧‘皮’，寻找更好的‘皮’把自己粘上去，也就是所谓的跳槽。”

“那么，跳得高好还是跳得远好呢？”

“不管跳高还是跳远，目标只有一个：就是让自己成为更好的‘毛’。”

“跳到最后，如果成了最好的‘毛’，也就是做到老总的位置，自己说了算，那时候是不是就变成‘皮’了？”

“不是。任何个人不管做到多么高的职位，即使是企业最高权力执行者，也依然是‘毛’，而不是‘皮’。‘皮’永远是指一个集体、团队。如果一个人把自己当成‘皮’，就离失败不远了。”说到这，朋友停下来，感慨地说，“我这八年，之所以屡战屡败，就是一直把自己错当成‘皮’了。”

第四章

生活智慧

人永远都无法知道自己该要什么，因为人只能活一次，既不能拿它跟前世相比，也不能在来生加以修正。没有任何方法可以检验哪种抉择是好的，因为不存在任何比较。一切都是马上经历，仅此一次，不能准备。

假如死亡来临

朋友是做证券生意的，整天飞来飞去，满世界地跑，忙得要命，难得见他一面。我们通常的联络方式是打电话。

有一天晚上，他打电话来，我们东南西北地聊。聊着聊着，他突然问我："如果让你花一元钱，可以买到你哪一天会死的信息，你买不买？"

我想了想，摇摇头说："不买。"

"为什么？"

"人生最大的痛苦莫过于知道自己哪天死。所以最好的死亡方式是：让死亡突然间来临，来不及思考，生命突然终止。"

沉默了一会儿，电话那端，他轻声说："可是，我买。"

"为什么？"

"我怕死亡突然来临时，我还有许多想做的事没有做，把它们带进坟墓去。不过，我也不想知道得太早，提前十天让我知道就行。"

“你想用这十天做什么？”

“五天的时间给我家人，好好陪陪他们。五天的时间给我自己，做我最喜欢做的事情。”

“你最喜欢做的事情是什么？”

“和我爱的人在一起。我开着车带她穿越大森林。”

我笑了：“这并不难。你为什么不现在就做呢？”

他叹了口气：“现在这么忙，哪有时间啊。”

我也在心里叹了口气，不禁想起另一位朋友，他是一家外贸公司的经理，工作非常忙，也是满世界地飞，整天忙着谈判、签合同，一年难得回家几次。他觉得很欠妻子和女儿的，就说等公司业务发展好了，陪她们去欧洲度假。公司的业务一直在发展，可是他总觉得还不够好，结果一拖再拖，始终未能成行。后来，他在一次赴日本谈判时，心脏病发作死在途中。

许多时候，我们总把最喜欢做的事情留在最后。可惜，死亡在来临之前并不通知我们。尽管我们已经荣幸地迈入21世纪信息时代，信息高速公路已经架到我们家门口，却没有一家公司可以出售死亡的信息。所以，大多数人留在最后、最喜欢做的事情，最后都带进坟墓里去了。

分苹果的故事

一个人一生中最早受到的教育来自家庭，来自母亲对孩子的早期教育。美国一位著名心理学家为了研究母亲对人的一生的影响，在全美选出50位成功人士，他们都在各自的行业中获得卓越的成就，同时又选出50个有犯罪记录的人，分别去信给他们，请他们谈谈母亲对他们的影响。有两封回信给他的印象最深。一封来自白宫一位著名人士，一封来自监狱一个服刑的犯人。他们谈的都是同一件事：小时候母亲给他们分苹果。

那个来自监狱的犯人在信中这样写道："小时候，有一天妈妈拿来几个苹果，红红绿绿，大小各不同。我一眼就看见中间的一个又红又大，十分喜欢，非常想要。这时，妈妈把苹果放在桌上，问我和弟弟：'你们想要哪个？'我刚想说想要最大最红的一个，这时弟弟抢先说出我想说的话。妈妈听了，瞪了他一眼，责备他说：'好孩子要学会把好东西让给别人，不能总想着自己。'

"于是，我灵机一动，改口说：'妈妈，我想要那个最小的，把大的留给弟弟吧。'

"妈妈听了，非常高兴，在我的脸上亲了一下，并把那个又红又大的苹果奖励给我。我得到了我想要的东西，从此，我学会了说谎。以后，我又学会了打架、偷、抢，为了得到想要得到的东西，我不择手段。直到现在，我被送进监狱。"

那位来自白宫的著名人士是这样写的："小时候，有一天妈妈拿来几个苹果，红红绿绿，大小各不同。我和弟弟们都争着要大的，妈妈把那个最大最红的苹果举在手中，对我们说：'这个苹果最大最红最好吃，谁都想要得到它。很好，现在，让我们来做个比赛，我把门前的草坪分成三块，你们三人一人一块，负责修剪好，谁干得最快最好，谁就有权得到它！'

"我们三人比赛除草，结果，我赢了那个最大的苹果。

"我非常感谢母亲，她让我明白一个最简单也最重要的道理：要想得到最好的，就必须努力争第一。她一直都是这样教育我们的，也是这样做的。在我们家里，你想要什么好东西要通过比赛来赢得，这很公平，你想要什么、想要多少，就必须为此付出多少努力和代价！"

推动世界的手就是推动摇篮的手。母亲是孩子的第一任教师，你可以教他说第一句谎言，也可以教他做一个诚实的永远努力争第一的人。

爱的残忍

好友告诉我，她想把女儿送到国外去学习。我看了看她，没说什么。

我们已经认识好多年了，在许多事情上，都很谈得来，但唯独在对待子女教育上，截然不同。她是那种老母鸡型的，什么事情都替女儿想，替女儿做，生怕女儿受半点苦、半点累。她女儿今年17岁，内裤还要她洗。早晨出门，衣服、鞋子准备好，替她穿好，连衣扣、鞋带也要为她系好。她的女儿除了读书学习以外，别的什么也不会。很难想象，这样的人到了异国他乡，怎么生活。

果然，接下来，她就告诉我她的“详细计划”。她经过多方考察了解，最后为女儿选好去新加坡。因为她的表妹在新加坡，可以先替她照顾女儿。一年后，她就可以申请陪读，到那时，她就辞去这边的工作，也去新加坡，一边打工，一边照顾女儿。

她那边还在喋喋不休地讲着她的计划，我这边已是忍无可忍，没等她说完我就打断她，我还从来没这样不礼貌地打断过别人的谈话。

“好吧，你就照这样把她培养下去吧！如果你想让她将来成为一个废物的话！”我不无嘲讽地说。

“什么？”她一时还没反应过来。

“你有没有想过，如果将来有一天你突然不在了，她第一件要做的事情是什么？”

她看看我，摇摇头：“我不敢想。每次过马路，我都特别小心，心想：我可别出事。我要是有事倒没什么，我女儿可就完了，谁会像我这样照顾她呢？”

“如果有一天你不能照顾你女儿了，你女儿要做的第一件事就是找一个像你一样的人来照顾她。可是，有谁会像你这样照顾她呢？”

女友看看我，一时无语。

我看着她，口气缓和一些：“你知道，虎是动物之王，可你知道它是怎么抚养自己的孩子的吗？”

女友摇摇头。

“母虎抚养幼虎有三个过程。开始，它出去捕食回来，把最嫩的肉用爪子撕成碎片，喂给幼虎吃。后来，它捕食回来，自己把肉吃掉，把剩下的肉骨头扔给幼虎啃。再后来，它捕食回来，自己把肉吃掉，把骨头扔掉，幼虎上前要吃，它就冲着它怒吼一声，伸出爪子阻挡住它，不让它吃。这样过不了几天，幼虎饿得实在受不住了，就会离开母亲，自己出去找食吃。开始，幼虎走了几步回过头来，看见母虎在后面望着它，就折回来往回走，母虎就冲它怒吼，扬起尖利的前爪，幼虎又转过头去往前走。这样反复几次，直到幼虎真正离开，以后，它们就再也不相见。”

“这，也太残忍了！”女友感叹地说。

“是有些残忍。但是，如果不这样，幼虎就永远学不会捕食，永远无法长大，也永远不会在动物王国中称王。所以，这种残忍的爱，比起你那种爱的残忍来，要好得多！”

因为，你的父亲在家等你

星期三下午，学校老师照例要开会、学习，学生们上了两节课就放学了。

他和班上的两位同学欢蹦着走出校门，没有回家，而是去了离家不远的森林公园。他们一直玩到天黑，还感觉有些意犹未尽。

“嘿，想不想吸支烟？”回去的路上，他突发奇想。

“好哇。”两位好友齐声赞成。

三个人停下来，把衣兜里的钱都掏出来，一共凑了六元钱。他们跑到路边的售货亭，视线在各种牌子的香烟上一一掠过，最后选了阿诗玛。他也说不清，是因为它的售价正好是六元钱，还是因为烟盒上面有个青春少女。

他们拿了香烟，跑到路边拐角处。他把烟盒撕开，给两位伙伴每人一支，自己也拿了一支，叼到嘴上。他们这才发现，刚才忘了买火。

他冲伙伴耸耸肩，然后，把视线投向路边，张望着。

正是日暮时分，路上，不时有行人匆匆走过。他想上前借火，又觉得有些唐突。正在这时，他发现，在路的一端，有一个小亮点，在夜幕中闪着微弱的光，向他这里慢慢移动。他不禁心中一喜，仿佛已经嗅到了诱人的香烟味。

那个小亮点终于走近。他走上前去，说：“哥们儿，借个火！”

那个人停下来，把手中燃着的烟递给他，他接过来，把自己的烟点着，美美地吸上一口，抬起头，把烟还给那个人。这时候，他才看清他的脸。

刹那间，他惊住了，拿烟的手停在半空中。

那个人缓缓地伸出手，接过他手中的烟，凝视了他一会儿，又把视线转向他旁边的两位同伴。然后，那个人举起另一只手，拍了一下他的肩膀，郑重其事地说："哥们儿，吸完这支烟，就回家去吧！"

他说不出话来。

旁边的好友有些不解地问："为什么？"

"因为，"那个人看着他，一字一句地说，"你的父亲在家等你！"说完，转身走了。

那个人的背影已经消失在夜色中，他还直愣愣地站在那里。两位伙伴用手碰了一下他的胳膊，问："你怎么了？"

他转过身来，看了看两位同伴，把手中的烟扔到地上，用脚狠狠地捻灭。

"把烟捻灭，回家去！"他语气十分坚决。

两位伙伴看看他，又看看手中冒着缕缕香气的烟，不约而同地问："为什么？"

"因为，我的父亲在家等我。"

"你怎么知道？"

他看着两位伙伴，低下头来，声音有些哽咽："刚才那个借火给我们的人，他，就是我父亲！"

大声地生活

那天，我领女儿上街，在一个书摊前选了两本书，手伸到兜里掏钱，突然碰到一只手，我吓了一跳，禁不住“哎”了一声，就见一个男人嗖地一下转身离开了，留给我一个穿黑色皮夹克的背影。女儿在旁边连忙问：“妈妈，怎么了？”

我小声说：“有小偷。”

女儿大声说：“在哪？快抓住他！”

我用手指了指那个背影，小声道：“就是他，不过没偷着，别吱声。”

想不到女儿冲着那个背影大声喊道：“坏蛋，小偷，谁让你偷我妈妈？我给你告警察！”

我吓得用手猛拉女儿两下：“别喊了，你爸爸不在这儿，小心他来打我们！”

“他敢！有警察呢。妈妈，快把电话拿出来，打110。”女儿理直气壮地大声说。

我有些害怕地看看那个背影，生怕他回转身来打我们母女二人。可是，他没有，他走得更快了，走到街角拐弯处，急忙钻进胡同里，不见了。我这才松口气。这时女儿拉拉我的手，生气地说：“妈妈，你为什么不报警察？你看你让他跑了，他又去偷别人了。”让她这么一说，我有些脸红，周围的人都看着我，我心里有些别扭，就冲她说："你大声嚷嚷什么？"

"我就大声嚷嚷，好让坏人怕我们，你那么小声，好像我们是坏人似的！"

我望着才八岁的女儿，哑口无言，想了一会儿，只好说："算了，算了，我们买了书走吧！"我又从兜里掏钱。想不到女儿拦住我，又冲那卖书人大声说："我看见你刚才用那样的眼光看我妈妈，你肯定是看见小偷掏我妈妈的兜，可你为什么不说？你帮助坏人，我们不买你的书了！"说完，拉着我就走。我这才想起来，刚才小偷在我旁边，我和小偷正对着书摊，卖书人看着我往外掏钱，一定也看见了小偷正在掏我的钱。我不满地看看他，他也看看我，把头扭到一边去，什么也没说。我牵起女儿的手，大声地说："走，我们不买了！"

我领着女儿上了公共汽车，女儿瞪着一双眼睛，东瞧瞧，西望望，好像在找什么。我拉了她一下，小声问她："你干什么呢？"

"我看有没有小偷。"声音洪亮，传遍整个车厢。周围的人愣了一下，接着哄笑起来。

旁边一个小伙子逗她说："就你这嗓门，有小偷也早让你吓跑了！"另一位中年妇女好心地说："要是你真看见小偷，可别这么喊，他会打你的。"

女儿扬起脸，冲着他们说："我就要大声喊，让那些坏人怕我们，让他们不敢再做坏事！"

我张了张嘴想说她却没有说出口。周围突然变得安静起来，人们都闭紧嘴巴不再说话了。车停了，我领着女儿下了车，走了两步才想起来忘了给女儿买票，回过身来看见那个平时总是凶猛地盯着小孩查票的女售票员冲我们友好地笑了笑，车就开走了。

我领着女儿在人群之中穿行，女儿还是那样，看见什么新鲜好奇的事就大声地说："妈妈，你看前边那个叔叔梳着小辫儿！""妈妈，你看那个阿姨抱着小狗在亲它！""妈妈……"她就是这样爱大声说话。平常，她一开口，我这心就提到嗓子眼儿，因为不知道什么时候就冒出一句让你啼笑皆非的话来，而且越是有人的时候、越是人多的地方，她越说个不停，真是烦死我了！弄得每次领她出门前，我总要警告她："不许说话！有话小声说，别让别人听见！"要是从前，她这样大声嚷嚷，我早就警告她甚至威胁她了，可那天，我什么也没说，让她大声地说个够。

女儿赶上了中国第一代独生子女这班车，我这个独生子女的家长，既无参照又无经验，也不知为什么她长成这个样子。去年，我送她回老家住了一个月，临走，我母亲对我说："我把你从小养活到大，都没有带她一个月累！这孩子，太不听大人话了！"不听大人话，也许是所有孩子的共性，但从来没有像这一代独生子女这样突出。在他或她面前，我们不再像我们的家长那样任意挥舞权力的大棒，他们会举起他们的大棒来反驳我们，有时，甚至会打得我们一愣一愣的，这时候，我就想：也许我们大人的话，不一定就是对的，至少我们在使用声音这个问题上，就不如小孩子。我们对自己的孩子大声嚷嚷，我们对父母也曾加大过嗓门，我们对朋友同事也曾高声叫喊。唯独，我们面对危害我们的坏人，却能保持沉默。

摔倒了，别急着站起来

好友黄羊负责的营销部因为业绩不好，总经理不满意，年底重组时就把他这个部门经理换掉了。他愤愤不平，临走时，指着总经理的鼻子说："一个月内，我要再办一家公司给你看看！"

离开公司，黄羊开着车到处转，会朋友，找项目，一门心思办公司。那天，他开车去看汽车展览，展厅人很多，他买了些汽车用品，就想往外走，一抬头，忽然发现人流中晃过一个亮亮的脑袋。"胡先生！"他心中一喜，胡先生是香港人，做汽车生意。两年前他们在深圳认识，那时胡先生就提议一起合作做汽车生意，当时黄羊公务缠身，就没在意，现在在这相遇，真是求之不得。当天晚上，黄羊就在一家豪华大酒店请胡先生吃饭，商谈一起办公司的事。

黄羊和胡先生一起商量办公司的细节的时候，胡先生再三追问，他有多少资金。

"20万，还有两辆进口汽车。"黄羊有些不好意思地说。在他看来，这点钱和香港大老板比，微不足道。

“好吧，我们合伙办一个公司，股份一人一半，你出流动资金，我负责供货，公司你来当董事长，我派人当经理。”

黄羊不明白为什么让他当董事长，合资公司一般都是抢着当董事长的。黄羊把全部希望都寄托在新公司上，倾其所有，创办公司。他在原先工作的公司旁边租了一层楼，300多平方米，全套现代化设备，又在离公司不远的花园别墅给胡先生租了一套公寓。一个月后，装饰豪华的新公司开业了。黄羊每天开着车，接送胡先生和胡先生的香港、广东朋友，谈汽车生意，进进出出，一副忙忙碌碌的样子。胡先生几乎天天往香港打电话、发传真，联系进口汽车的事，一个月后，他说办好了，从公司拿了10万元钱回香港，一去就是半年，汽车没运来一台，倒是电话、传真花了公司不少钱，黄羊觉出这里面有问题，就找朋友私下打听胡先生的底细。这一问才知道，胡先生早已与两年前他初相识时不可同日而语了。这两年胡先生的钱和汽车都赔掉了，他在香港的公司只剩下一个空壳，根本就没有钱做汽车生意。黄羊想放弃，可是一想自己已投进去这么多钱，放弃他又没有新的出路，就只好硬撑着。他想：毕竟胡先生在香港做了那么多年汽车生意，有渠道，有信誉，这也是无形资产，他们两个人好好合作，公司会赚钱的。他一边筹措资金，一边打电话督促胡先生，让胡先生在香港先进几辆汽车来卖，资金他来解决。

两个月后，胡先生从香港回到内地，告诉黄羊运来五辆进口汽车。黄羊从公司拿出30万元去提车，提车时，黄羊才知道车并不是胡先生运来的，是另一位香港人的，他在内地没有渠道，就委托胡先生代卖。他们把30万定金付给那个香港人，就把车提走了。

黄羊通过各种关系很快就卖掉了汽车，这时胡先生已返回香港，他从香港打来电话，说现在有一笔汽车单子，一共是100台车，准备运到天津保税区，每台车加1万，出手就是100万。黄羊听了，就把卖汽车的钱全部汇到香港胡先生公司。但是，胡先生接到钱后，不仅一辆汽车也没运来，连人也失踪了。而那位香港车主却天天到公司催要车款，要不到钱，就到法院起诉了，公司被法院查封了。接到法院传票，黄羊才明白当初胡先生为什么让自己当董事长。

千禧之年，举国欢庆，黄羊却很心烦，新公司不仅赔掉了他这些年所赚的钱，还欠了一大笔债。朋友带他去郊外滑雪，散散心，不承想他站着去的，却是躺着回来的。滑雪的时候，他不小心摔倒了，朋友要过来扶他，他自己一下站起来，强忍着痛活动活动，走了几步，说："没事，一会儿就好了。"谁知，腰下部越来越痛，一会儿竟痛得不敢动了。朋友急忙把他送到医院。医生检查后，告诉他："髋关节扭伤，复位就可以了，但是你自己站起来活动造成严重移位，一次复位难度很大，会很痛。"

整个治疗过程非常痛苦，黄羊平生从未这样痛过。看着他那副痛苦的样子，医生劝慰他："人总是难免会摔倒，以后要记住，摔倒了不要急着马上站起来，先弄清是何处疼痛，有没有伤筋动骨，如果痛得不重，就轻轻活动一下，在别人的帮助下试着站起来走一走。如果痛得很重，千万不要马上站起来活动，那样可能会造成更严重的错位和损伤，严重时甚至会致残。应该赶快呼叫120求助，让医护人员来及时检查和治疗，这会使治疗简单化，加速伤口愈合。”

听了医生的劝慰，黄羊忽然醒悟：自己的新公司为什么倒闭？他上一次“摔倒”急着马上站起来，还没弄清哪痛，就带病前行，结果越走越痛，终于引发并发症，又摔一跤。不过，这一跤可比原先痛多了！

只需一瓢水

最近，事业遇到些问题，搞得我很灰心。为了彻底放松休息一下，我决定给自己放个假，去乡下老伯家，过一周真正的乡村生活。

乡下的生活就像乡下的空气一样，对我来说都非常新鲜。吃菜现从地里拔，喝水现去井旁压，睡觉开窗看月光。白天和他们一起下地干活，中午回家坐在土炕上吃农家饭，晚上坐在院子里乘凉。生活简单而快乐。可是，到了第二天早晨，我就感觉胳膊发软，腿发沉，腰有些发酸，躺在炕上不想起来，一直睡到快中午。家里静悄悄的，一个人也没有，都下地干活去了。我感觉有些渴，起来走到院里的小水井旁，也学着老伯的样子，双手握住井把抬起再往下压，压了半天，可是不见一滴水出来。我累得直喘气，想不明白：老伯只压几下水就哗哗往外流，怎么我压却不出来！

正巧，这时老伯回来了。他走到井旁，拿起挂在上面的瓢，转身回屋到缸里舀了一瓢水，倒进井里，然后快速地抬压井把，只几下，水就哗哗出来了。老伯接了半瓢水递给我："傻孩子，压水时，先拿瓢往里倒点水，这样水就压出来了。知道吗？这叫引水。"

原来是这样。每次，我只看到老伯一压就出水，却没注意他先用瓢往井里倒水。

生活，不也是这样吗？许多时候，我们看到别人成功做了某件事情，自己也仿照去做，可是却怎么也做不成。

因为，我们没有引水。只需一瓢水，不多，但必须是你自己的。

心态归零

大学毕业，我满怀激情踏上去滨城大连的路，我将去市内一所重点中学当教师。我踌躇满志去学校报到，教导主任把我领到化学教研组，给大家一一介绍。组长指着紧挨门口的一张办公桌说："你就坐这吧。"我坐在那个位置上，高兴地想：瞧，我终于有个位置了。工作对我们大多数人而言，不就是给自己找一个位置吗？

学校分配我教高一三个班的化学课，每周三次，一周共九节课。高一年级一共八个班，三名化学老师，除我以外，那两位都是有经验的老教师。我们一周在一起备一次课。只用了一天的时间，我就把一周的课备完了，我想，以我的水平，教高中这点课应该很轻松。我每周除了上课、批作业、按要求去听听别的老师的课，其余大部分时间都跑到学校的图书馆借英语书和外国小说看，日子过得轻松自在。

可惜好景不长，过了一个多月，教研组长找我谈话，问我最近一段时间有什么感受。我想都没想，就说："挺好的。"组长看了看我，委婉地说："年轻人，刚参加工作，注意多学习，多借些参考书看，多听老教师的课，多下班级辅导。"听得我心里不是滋味，这不明摆着是影射我借小说看、听课少、下班级辅导少嘛。组长怎么会知道的，一定是别的教师对他说什么了，可他们当面对我都挺热情的。这些问题，他们为什么不直接当我面指出而走领导路线呢？我这才有点亲身体会到社会的复杂了。说心里话，我还有点不适应，我一向喜欢把复杂的问题简单化，可是现实中人们却习惯于把简单的问题复杂化，所以人人都喊累，不累才怪呢！

两个月后，期中考试又给了我当头一棒，我教的三个班中两个班成绩排在最后，这下我可有点急了，堂堂重点大学毕业生，连个高中都教不好，这可太说不过去了。我赶紧把英语书、小说统统丢到一边，借来一大堆化学参考书，有时间就下去听课，下班级辅导，累得我团团转。我才明白，原来教中学也并不是一件很容易的事。什么事情从外表看都很容易，但深入其中就会发现很多问题，特别是教学，知识量和教学水平不一定成正比，有些老师没上过正规大学，但由于多年来在教学第一线，有教学经验，对教材理解得透，对学生把握得准，所以教学成绩排在前面。而我虽然受过正规高等教育训练，但没有实际教学经验，结合点抓不准，再加上心理上不是很重视，所以犯了骄傲轻敌、首战失利的错误。

一种结束往往意味着另一种开始。走出大学校门，只是证明你在学校的学习、考核通过了，并不表明你在社会这所大学校就一定过关。这时候，最需要做的是，把自己看成是一张白纸，面对这张白纸，从零做起。可惜，毕业时我们不懂社会，恃才傲物，以为自己是鸿鹄，别人都是燕雀，一副要拯救世界的样子，对身边琐事不屑一顾，一门心思想干大事，成大业，因此眼睛总是高高望上，直到有一天，被脚下的扫帚绊了个跟头，才发现周围落满了灰尘。不只是我，几个要好的同学也纷纷来信诉说在工作中的烦恼，什么不被重视了，同事关系复杂了，成绩不理想了。我们几个大学里的佼佼者一踏上社会，很快都当头挨了一小棒。倒是几个在学校里成绩不怎么突出的同学在工作中表现出色。比如说同学李杰，在学校表现挺一般的，可是到了学校不仅教学受欢迎，而且还当了班主任，带的班级在年级名列前茅。也许是我们太想当元帅了，总想着拿破仑的一句名言：“不想当元帅的士兵不是好士兵。”但是最终打败拿破仑的沙俄将军库图佐夫也说过一句话：“一个当不好士兵的人注定成不了称职的元帅。”想来这句话更让人深省。

曾经，有位年轻的禅师慕名去向一位大师求教，他一见到大师就滔滔不绝地大讲禅，以示自己所知甚多。大师静坐一旁，沉默不语，等小禅师讲完了，他拿起桌上的茶壶，往一只空杯子倒水，当杯子已满时，大师还往杯里倒，水都溢出来了。小禅师说道：“杯子已满，如何还能倒进去？”大师说：“你不知道你不知道什么，就像这只已倒满的杯子，我还怎么能倒进去！回去先把你的杯子倒空再来。”

我们所知道的总是有限的，而我们不知道的却是无限的。地球是圆的，每一天都是一个新起点，起跑时最重要的是要调整好心态，把自己的“杯子”倒空，这样才能轻松上阵，才可能跑得快、跑得远，成为一个跑在最前面的人。

自己的虎

一位画家从小就喜欢画虎，画了无数只虎，在滨城渐渐有了一些名气，每逢市里举行画展、书画比赛，他都精心挑选一张他最喜欢的虎画参展。许多参观者在他的画前驻足欣赏，一些名家也放慢了脚步。画上的虎张开前爪，飞跃而起，仿佛冲向前面的猎物。画面很有动感，应该说，是一张很不错的虎画。

每次比赛，他的画都拿去候选，参评一等奖，但每次又都落选，仅仅获二等奖。专家们说：他的画哪都好，挑不出什么毛病，可总觉得缺点什么，让人先感觉到是画，其次才是虎。

这位画家就把自己关在屋里，构思、运笔，一张张画，画了许多的虎，可是，每一张都不满意，总觉得缺点什么。可缺点什么呢？他说不出来。他很苦恼，每日茶饭不思。他的夫人——一位普通的小学教师，看到他这个样子，问他怎么了。他就把心中的苦恼说了。她听了，想了想，问他："你每天画虎之前在想什么？"他说："我想，我画的虎一定要让别人喜欢。"

"你心里想的都是别人，画的都是别人的虎。"夫人平静地看着他，说了一句让他终生难忘的话，"为什么不画你自己心中的虎呢？"

他顿悟。

很快，他的画艺有了质的飞跃，他画的各种虎，无论动、静，都透着一种虎特有的神威，栩栩如生，给人身临其境之感。不久，他的画就在全国性的画展中展出，受到专家一致好评。他本人也名气大增，他的虎画在市场上卖到比以前多几倍的价钱。

许多时候，我们因为太在意别人的喜好，压抑了自己心中的灵感，辜负自己，也并没有讨好到别人。

单程车票

春节休假回来，第一天上班，桌上堆了厚厚一沓信，还有编辑邮来的报纸杂志。我一一翻看，发现有一封信很陌生，大概是读者写来的吧。我把信打开，是一位四川读者写来的。信上说，他在一本杂志上看了我的一篇写年轻人奋斗历程的文章，给了他很多鼓舞和力量。他从编辑那儿找到我的地址，他想春节过后来大连打工，以便结识我。

我一看，吓了一跳，以前常有读者来信来电，和我交朋友，谈谈人生，但还没有一个要求见面的。何况四川那么远，仅凭一篇稿子，就千里迢迢来大连见面，未免太幼稚了。我赶紧提笔给他写信，信上先说了一通人生道理，然后委婉地拒绝了他来大连找我。信发出后我松了口气。可是想不到第二天，我就接到了他打来的电话，他说：他现在已经到北京了，明天早晨就到大连。

第二天一早，我刚到单位，他打来电话，说已经在大连火车站了，问我怎么走。我告诉他坐几路车。40分钟后，他就站在我办公室。我打量着他，瘦瘦的，中等个头，穿一套深蓝色西装，拎了个很旧的旅行包。尽管他坐了两天两夜火车，但脸上看不出很疲倦的样子。

我们聊了起来。他出生在距成都两小时路程的一个小镇，今年26岁，中师毕业，当过两年小学教师，因为不安于家乡的生活，辞职外出打工，做过直销、推销、保险，去过成都、重庆、武汉、北京，大连是第一次来。中午时，我请他在单位附近的饭店吃饭，问他来大连有什么打算，要不要我帮什么忙。他说打工的事，他自己会安排的，不需要我帮什么忙。只是打工之余，他喜欢看看书，思考问题，可是有了想法周围没有人可以交流沟通，这是他最苦恼的事，所以他希望在不打扰我工作的情况下，能在一起谈谈话就行了。

听了他的话，我不觉有些惭愧，原以为他千里迢迢来投奔我，肯定会要麻烦我，让我费心费力帮他找工作、找住处。其实不然。可是，不知怎么，他越不求我帮忙，我心里越想主动帮他做点什么。我问他："你住在哪儿？如果没有住的地方，我同学在大学里工作，可以帮忙安排在学生宿舍，一个月收费才一百多块钱，很便宜的。"

"不用，一百元太贵了。我去找我们四川同乡搭伙住，一个月交四五十元钱就够了。"

"你第一次来大连，怎么会认识同乡呢？"我有些不解。

"你没听说过四川人是全国打工大军吗？几乎全国每个城市都有我们四川人在打工。我们这些外出打工仔都有一份同乡名录。"

吃过饭，他说要去找同乡，一安顿下来就给我打电话。他背起包转身就要走，我忍不住叫住他，问："你带的钱够吗？"

"够了，我还有150元钱。50元交房租，100元钱是这个月的伙食费、交通费。下个月我就赚钱了。"他很坦然地说。

"你身上只有150元钱？150元钱，连买回程票都不够呢！"

我不禁惊叫起来。如果只有150元钱，别说外出，我连家门都不敢出！平时我的钱包里不会少于1000元钱，如果外出就要带得更多，不仅要带足现金，而且还要带上一卡通。出门在外，最害怕的事就是没有钱回不了家，所以我每到一处，第一件事就是要留出回程的车票钱。

“在我们家乡，男人女人到了18岁就开始外出打工了。如果出来后打不到工或者受不了打工的苦而回家，是非常丢人非常让人看不起的。所以我从第一次出来打工，就只带买单程票的钱和第一个月的生活费。如果一个月内找不到工作，我就要流落街头，就要挨饿没饭吃。所以我必须在一个月内找到工作，必须赚到钱才可以回家。开始打工的第一年，流落街头、没饭吃的事常发生，等到第二年，只是偶尔发生，再以后，这样的事就再也没发生过了。所以你根本不用为我担心。而且我告诉你吧，我不带钱不是没有钱，我家里的存款已经超过五位数了。我只是不想把它们带在身上而已。”

我牵不到父亲的手

每当看到丈夫逗女儿玩，女儿骑在他的脖子上开心地大喊大叫，我内心深处总是隐隐地痛。我长这么大，从未这样和父亲亲近过。小时候，父亲和母亲两地分居，我们家被分成两半，我一直是在母亲这半个家中长大的。

记忆中父亲总是匆匆忙忙地来，又匆匆忙忙地去，给我印象最深的是父亲每次都带些好吃的东西给我，然后就拍拍我的肩膀，让我到一边玩去。我很想像依在妈妈怀里那样也跑到他的怀里撒会儿娇，可是我不敢。每次他回来问问我的功课，然后我拿了东西就躲到一边去。童年的我对父亲的印象就是一包包的好东西。和父亲真正在一起生活也就是初三那年，他回来后我最大的变化是少看了不少电视，他对我最常说的一句话就是："看什么！还不快去学习！"高中我开始住校，我们寝室住八人，每到周末，总有几个父亲来接送，看着同学挽着自己父亲胳膊那副亲热的样子，我这才知道天下的父亲是不一样的。我真希望父亲能来接我一次，能让我挽一次他的胳膊，或者牵着他的手，一起穿过黑夜。可他是永远的白天，不懂夜的黑。有一次，我故意在家中说某某同学的父亲每周都去接她，父亲听了不以为然地说："这么近，接什么？我像你这么大时，一个人从山东那么远的地方来东北，谁都不认识。"

可我是女孩子呀！我想父亲是把我当成男孩子了。慢慢地，我的心就真的硬起来，倔强而要强。等我报考志愿时，我填的都是外地的大学，没有父亲的呵护，我宁愿去远方流浪。

流浪了那么久，等到再回家时，让我感到吃惊的却是父亲，他的脸上不再像往日那般威严，他的眼里已经没有了那种让我害怕的目光。父亲衰老了，他是从性格上衰老的，衰老得有些琐碎了。他听妈妈念叨我小时候爱吃烤地瓜，一大早就起来去买了热乎乎的地瓜放在炉子旁温着。我一起床他忙着给我弄洗脸水，梳洗完我一边看报纸一边漫不经心地吃地瓜，偶尔抬头，发现父亲正看着我吃，这让我感到不自在。晚上，他又忙着为我铺被，我迷迷糊糊快要进入梦乡，感觉额前被轻轻地吻了一下，我闭着眼睛不敢睁开，黑暗中我感觉到父亲的一双眼睛在望着我。那一刻，我难受极了，鼻子酸酸的，又怕被父亲发现，只盼着他快点走。等他轻手轻脚地离开时，我一下子把头捂在被子里，哭了。

我好久没有流泪了，不管夜多么黑、多么冷，我都咬咬牙挺过去，我这样的性格正是父亲一手塑成的，这么多年来我们的父女关系更像是父子关系，我已经不习惯和他亲近了。多少次在梦中我曾牵着他的手，可是一回到现实我却无法改变自己。每每看着女儿和丈夫开心地胡闹、撒娇，我真希望童年能再来一次，假如时光可以倒转的话，我不知道父亲能否让我牵他的手。

父亲的账本

大二那年放寒假回家，早晨睡过9点我才肯起床，赶着上班的父亲母亲吃完饭把饭温在锅里，有事就在我枕头旁留个小纸条。一天早晨，醒来看见枕头旁留了张字条，是父亲写的，他今天没时间，让我去粮店买5斤豆油，钱和粮本都在立柜的抽屉里。

我起床梳洗，吃过早饭，打开抽屉找到粮本，又找父亲的工资袋。我家多年养成的习惯是父亲每月把工资放在抽屉里做“公款”，母亲的工资则留起来到月底补贴家用，剩下的存一点。父亲的工资袋挺厚实的，打开一看，只有三张五元、四张十元的钞票，那厚的是一个牛皮纸小本，我拿出来翻开一页，只见上面密密麻麻地写满了数字：米3.6元，面3.8元，油4.5元……原来是记账本，是父亲的笔迹，我笑了笑。父亲一向粗心，妈妈笑话他年轻时住宿舍好几次穿了别人的袜子，好穿错袜子的父亲什么时候开始学会记账了？我又往下翻了翻，忽见一页上写着我的乳名云儿，我瞪大眼睛仔细看：9月5日带120元，12月25日邮40元……9月5日是我离家上大学的日子，大学里每月助学金有20元，父亲说再给我20元，一学期五个月再加来回的路费给我120元，走时都带着就不用邮了，家里离邮局挺远的，可是我不知怎么花多了，写信回家父亲又去邮局给我寄了40元。想不到父亲都记在账本上了，我看着心里很不是滋味，想起父亲经常说他一个人闯东北，不仅不要家里的钱，自己挣的钱还要给家里寄。我已19岁了，父亲记下账不会是让我将来还吧？我不知该不该问父亲，就一直闷在心里。

假期很快过去，我要回校了，临行，母亲煮鸡蛋炸花生又拿了些罐头，一起装好给我带到学校吃，父亲从抽屉里拿出工资袋数出12张十元钞票，然后又从上衣口袋里掏出3张放在一起给我，说：

“这是年底领的奖金，今年要长一级工资，以后每月再给你加十元，学习累，多吃点好吃的，别心疼钱。”父亲又给了哥哥十元钱买车票。我们走出家门，父亲又追出来，对送我的哥哥说：“你买完票剩下的零钱给她路上用。”

到了车站哥哥去买票，那时买一张到长春的学生票才3元6角，老实的哥哥把剩下的6元4角都给了我，我说：“你拿着花吧。”哥哥说：“不用。”哥哥三年前没考上大学当了兵，三年父亲一共给他的钱还没有我一学期多，哥哥除了买点日用品剩下的钱都攒着，后来买了一把吉他。哥哥送我上火车，我说：“没事你早点回吧。”哥哥想走又不走的样子，好像有什么事，我看看他，他脸红了，像下了很大决心似的说：“你能不能借我十元钱，我的吉他断了根弦，我想买一包好弦换上。我下个月上班开工资就还给你，你别跟爸说。”我从大衣里边的口袋里拿出十元钱递给哥哥，说：“不用你还，这些钱够我花的。”

到学校后，我也开始记账，每花一笔钱就记下，记账帮我省下不少开销，我不仅没向家里要钱，到期末我还剩下了20元，就给父亲、母亲、哥哥每人买了份小礼物。父亲每次来信都问钱够不够，多买点好吃的，千万别委屈了自己。我没委屈自己，倒是父亲为我上大学委屈了自己。暑假回家，我在床底下找凉鞋，床下空空的，原来床底下堆满了的十多瓶酒都没了，那是逢年过节别人送的。父亲不胜酒力，攒了这么多年的酒怎么都喝了？我好奇地问母亲，母亲说：“他哪舍得喝，一直留着，本来他该长一级工资的，可是名额不够分给别人了，他答应你每月多加的十元钱没了着落，就把酒卖给拐弯那家小卖店了。我心里很不是滋味，以后再也没去拐弯那家小卖店买东西。

毕业时我被分配去一座海滨城市，回家待了半个月就要去新单位报到，临别，父亲又拿出他的工资袋，先拿出200元钱，又从里面拿出那个账本，翻开把其中的几页撕下来说："这是你大学四年的花销，我当初记下来是为了自己心中有个数，好早有个准备，提前把你用的钱准备好，别到时抓瞎。女儿争气考上大学，我这个做父亲的不能拖后腿。现在你总算毕了业，这账纸我留着没用了，送给你吧，不是让你还，是让你记住培养一个大学生不容易。我这辈子没什么大能耐，也没攒下什么钱，我最大的财富就是培养了你这个大学生，以后的路可就看你自己的了。"

我暗自惭愧，当年错想了父亲，幸亏父亲不知道。我带着这沉甸甸的行囊走出家门，父亲去送我，四年前我第一次离家也是他送我的，以后才让哥哥送。到了车站，他让我坐在候车室里等，他去买票。回来时，他手里拿着票，还拿着一把零钱，一股脑儿都塞给我了。长这么大，我记不清自己多少次从父亲手里拿钱，只记得每次拿都理直气壮，好像父亲是银行。坐在哐哐作响的火车上，我把这些零零碎碎被父亲一双大手握得皱巴巴、热乎乎的单元钞摊开，一张张摆平，一共是18元。父亲买一张12元的车票怎么会找回18元零钱？想起他刚才买票去了那么久我忽然明白了，一股热流从心底流过。我把这些零钞夹在父亲的账纸里放进背包，我把包紧紧地抱在胸前，就好像抱着一笔巨款。那一刻，我感觉自己像个富翁，自信而从容，奔向这旅程的终点。

给孩子的兜里装什么

明天女儿学校组织春游，我下了班去商场为她购物，先给她买饮料，雪碧、可乐、果汁，一样一个。我又给她买小食品，什么旺旺、卡迪那、咪咪，还有些新出的记不住名，我就一样买一个。我又买了些果冻、水果，一样买一些，拎着一大包往外走，在超市门口排队结账的时候，正好遇到女儿同学明明的妈妈，她也买了许多的东西，不同的是，她每样都买了两个。我就说："现在儿童食品这么多，一样买一个可以让孩子多吃几样。"

明明妈妈笑笑说："这份是我让他给别人的。"

我以为是她替别人买的，并没在意。我们一起走出商场。回到家，女儿告诉我把东西装在书包里，我怕弄脏了新书包，就从柜里找出去年她用的旧书包，把东西装好，放在沙发上。吃过晚饭，女儿早早睡了，我坐在电脑前写稿。因为睡得晚，第二天早晨一睁眼差15分钟7点，糟了！女儿7点钟集合。我赶紧喊女儿快点起床，给她冲了杯麦片。女儿急急忙忙喝了几口，不高兴地噘个嘴背着书包走了。我回到床上眯了一会儿，起来吃了点早餐，开始收拾屋子。走到沙发前，我愣住了：那个装满了食物的旧书包正安安稳稳地躺在沙发上。糟了！一定是女儿刚才急急忙忙背错了书包，她背的是装满了书本上学用的新书包。这可怎么办？我看看表，已经8点多了，女儿早就出发了，我又找不到她，她一年就盼着这一天，开心地玩，喝饮料，吃小食品。别的同学都有一大堆好吃的，她什么都没有，她一定会怨我的！

这一整天，我都非常难受。现在的孩子，都是独生子女，你得宠她爱她，把她放在中间的中间，否则她就认为你不爱她，甚至会怀疑到你不是她的亲生母亲，真是哭笑不得。而且，从小，她就用你给她买多少好东西、送她多贵的礼物来衡量你爱不爱她，爱她多少。所以我每天下班回来，都要买一样她喜欢的东西，每逢节日，都要送她礼物。在这么重要的日子里，她什么都没有，回来一定会又哭又闹，说不定又该怀疑我是不是她的亲生母亲了！

我怀着忐忑不安的心情等待着女儿的归来。但是出乎意料，女儿回来时蹦蹦跳跳，高高兴兴。我有些纳闷，看了看沙发上的旧书包，又看了看她身上背的新书包，怀疑自己是不是搞错了："你今天背的书包里装的是什么？"

"是书。我到公园才知道背错了。但是我们班同学明明他妈妈给他带了两份，让他自己吃一份，另一份送给最需要帮助的人。他就送给我了。别的同学知道我背错了包，也都把自己的东西送给我，多得我都吃不了，我都背回来了，妈妈，这个可好吃了，你吃吧！”女儿把书包里好吃的东西拿出来递给我。女儿不仅没怨我，反而变得懂事了，我高兴地一把把女儿抱在怀里。

现在的独生子女，他们并不缺少爱，他们的兜里装满了爱：爸爸、妈妈，爷爷、奶奶，姥爷、姥姥。许多时候，我们只知道一味地给孩子爱，却不曾想过：爱是双向的，当我们往孩子的兜里装爱的同时，也应该让他学会从兜里掏出爱给别人。

给生命减负

认识她，是在一次笔会上，那时候只知道她是一位中学教师，业余时间从事写作。之后，我经常在报刊上看到她的作品，就想起她那副平和的笑容。有一天，快下班时，她打电话给我，说她最近读了我的一篇文章，很有感触，如果我有时间，她想来看看我，和我谈谈。我正好没事，就和她约好第二天见面。

她和我上次见到她时一样，脸上挂着平和的笑容。我们谈起她在报上看到的我的那篇文章，几个渔民在海上遇险漂了七天，最后被救。她微笑着说：“我从小生活在海岛，岛上这样的事很多，我小时候就经历过，出海遇到台风，在海上漂了四天。”

“是吗？那一定很害怕吧？”

“开始我害怕得直哭，后来知道哭也没用，只能等。生命有时候是很脆弱的，根本不掌握在你手中，你唯一能做的只有等待。”她淡淡地说。

我看看她：“真看不出。你总是笑眯眯的，谁见了都觉得你的生活一定很幸福，想不到你还经历过这样的海上磨难！”

想不到，我一句话，触动了她，她看着我，慢慢地说：“其实，这点磨难和我后来所遭遇的相比，根本算不了什么。不瞒你说，我现在是一个人生活，我的经历特别坎坷，我和一个精神病人生活了九年，离婚离了九年，其中的艰难曲折太多了！”

我听了感到浑身一震，眼前立刻闪现出精神病院恐怖的样子。天哪，她和一个精神病人在一起生活了九年，那是一段怎样的噩梦般的生活啊！也许是在心里闷得太久了，平时很少讲给别人听，她把多年来藏在心底的话都讲给我听：讲她结婚后如何发现丈夫有妄想狂（精神病的一种），晕倒在地；丈夫发病追赶着打她，如何敲暖气管道向邻居求救；为了离婚她如何一次次上法院，又一次次被拒绝，直到她绝望得要自杀。我震惊了，如果不是亲耳所听，我一定会以为这些是文学作品里虚构的情节。可是，它们却真实地发生在我身边，发生在她身上。我静静地听着，连一句同情和安慰的话都说不出来。好像一说，就贬低了她所受的那些苦难。

她轻声地讲述着，脸上依然是平和的，就好像在讲述着别人的故事，看不出有任何怨言和悲伤。

“你不怨吗？”我实在忍不住了，就问。

“怨过。身体上的苦难能承受，可心灵上的苦难太重了，人就难以承受了。有一段时间，我心里积满怨恨，怨父母，怨公婆，怨邻居和同事，觉得整个世界所有的人都欠我的。这样怨的结果，我变得十分尖酸刻薄，自暴自弃，最后整个人都快崩溃了。我知道再这样下去我就完了。于是，我就拿起笔，在纸上倾诉，把心中的愤恨、悲伤、幽怨一点一点倒出来。我每天不停地写，写了十几本厚厚的日记，才慢慢把自己写出来。”

“可是，你的作品里并没有那些苦难呀！”

“那些苦难我只是写在日记本上，只是用来给自己减负，不会发表给别人看，因为语言太尖刻了。现在报上发表的作品，是在那以后，我平静下来写的。”

她脸上仍然挂着平和的笑容，我看着她，忽然明白了，面对她这个历经坎坷和磨难、最有理由抱怨和责骂生活的人，为什么却从未听她说过一句抱怨和责骂的话。因为，面对生活中不断出现的磨难，她不断地给自己减负。

流动自己

十年前，他从国外留学回来，确定下自己的事业方向：做中餐快餐。

当时，很多人都反对，因为中餐不同于西餐，太繁杂，无法标准化，所以很难做大。但是他认为：中西餐差别，固然有中餐本身的原因，但更重要的一点，是中国人的饮食习惯决定的，美国人吃饭吃的是卡路里，只要营养、热量够就可以，对食物本身并不讲究；而我们中国人吃的是感觉，食物要丰富多彩，花样繁杂，慢慢细品。之所以会这样，是因为我们有大量的闲余时间。但是随着国门打开，改革开放，生活节奏加快，时间增值，这种情况就会随之改变。也正是基于此，他选择做中餐快餐，而且要把它当作一生的事业来做，把它做好做大。

经过半年的筹备，在距市中心不远处一个交通便利的地方，他的第一家快餐店开业了。一年后，他又与人合作，开了第二家连锁店。到现在，他已经开了十几家连锁店了。平均不到一年就开一家。生意越做越大，钱越赚越多，在别人眼里，他早已应该住别墅、乘豪车了。但事实相反，他什么都没有。他所有的店都是租来的，连他住的房子，他用的车，也都是租来的，没有一样是买来的，没有一样属于他自己。

“你的生意这么好，为什么不买房子开店呢？这些年租房的钱，足以买下一栋楼了！这样不是很可惜吗？”朋友常常这么追问他。

他就笑笑解释说：“如果我买了房子开店，就会把店固定下来，而我做的是快餐，我的客户主要是城市里的流动人群，我的店址都选在交通繁华、人流量大的地方，但是城市是不断发展的，我不能保证再过些年，这些地方还像现在这样繁华、人流量大。所以我决定所有的店都只租不买，不把店固定下来，这样可以随着事业的发展，随着城市的发展而流动。”

“那么你自己住的房子总该买吧？你这么有钱为什么还要租呢？”朋友有些不解地问。

“如果我买房子居住，就会把自己固定下来，那样就会有一种安逸稳定的感觉，人在本性上都是趋稳避变的，人们常说安居乐业，而我现在做的快餐是流动的事业，更重要的是我现在还在创业阶段，所以我不能让自己有任何一点‘安’‘乐’的感觉，不能让自己停下来，要让自己不停地流动，‘流’居创业。”

“那么，你用的车总该买吧？你每天那么忙，外出谈事，打车多不方便！”朋友不服气地说。

“车的价值就在于行驶、流动，如果我买车，我不可能每天24小时用车，我不用的时候，车就会停在停车场，而我却要为它付钱。以本来可以流动的钱，去换静止的车，那样我不是傻瓜吗？”

“那么，你每天辛苦忙碌，赚的钱不买房子也不买车，一点固定资产也没有，你与别人谈判合作，人家怎么相信你？”

“的确，在我的账本上，几乎没有什么固定资产，但是许多人都来找我合作，和我搞连锁，你知道为什么吗？”说到这，他停下来，拿出一张自己的名片，指着名片上面公司的名字，说：“的确，我没有高楼大厦，没有汽车工厂，但是，我保证，只这两个字，如果我想出售，就可以立刻买到高楼大厦，就可以立刻引来无数人与我洽谈。我这十年，别的东西都流来流去，唯有这两个字固定下来。这，就是我最大的固定资产——品牌。”

选择快乐

一次，我慕名去拜访一位公司主管。在他的办公室，我看到两幅漫画：一幅满脸都是笑，眉毛、眼睛、鼻子、嘴都向上，弯弯的，像月牙，从上面往下掉的金元宝都接住了，一个也没掉在地上。另一幅则满脸都是气，眉毛、眼睛、鼻子、嘴都朝下，一撇一捺，像斗笠，从上面往下掉的金元宝都落在了地上，一个也没接住。我看了，忍不住笑了。

“你不是总问我成功的秘诀吗？如果有的话，这就是。”主管微笑着说。

我看着这两幅画，有些疑惑：“就这个？”

“对，就这个。我每天早晨走进办公室，每当我遇到难题的时候，我都会看着它，它会对我说：任何时候，都选择快乐！”

“任何时候？”

“对，任何时候。”

“可有些事情是痛苦的，你怎么选择快乐？”

“事情本身是没有快乐和痛苦的，快乐和痛苦是我们对这件事情的感受。同一件事情，你从不同角度来看待，就会有不同的感受。我给你讲个故事吧！有个年轻人，家在郊区农村，每天到城里来上学。可是他高中毕业后没有考上大学，别人都以为他会垂头丧气，没想到他却高高兴兴地回家，搞起了科学养鸡，不到两年就致富了。他用自己赚的钱，给家里盖了三间大瓦房。按照当地习惯，盖房上顶梁时要放鞭炮请客。上梁那天，街坊邻居都来了，杀猪宰羊放鞭炮，十分热闹。就在大家兴高采烈地喝酒吃饭的时候，只听轰的一声，梁塌了，砸得满地尘土。大家都愣住了，不知说什么好。这时，就听有人哇的一声哭了起来。这位年轻人一看，是他姐姐。他就说：‘哭什么？你哭它就立起来了？’说着，他端起酒杯，对众人说：‘来，大叔大婶们，咱们接着喝！梁倒了，再上一次！正好咱们街坊邻居又多了一次喝酒的机会！后天中午还请大家再来！’

“这件事，后来不知怎么传到一位公司经理那儿，他们公司新开发了一个项目，正在招人，可是销售经理一直没找到合适的人选。他听说后，就找到那位年轻人，说服他加盟自己的公司。当时公司的其他负责人都不同意，认为那位年轻人没有学历，没有经验，不能胜任这项工作。可是这位经理听了却说：‘哦，那没关系。因为我们不是用他20天，而是准备用他20年。所以你们说的这些，他会有时间学会的。可是，他这种乐观自信的性格，却不是别人可以花时间学会的。我看中的正是这一点。’这位经理力排众议，起用了那位年轻人。”

“那么后来呢？那位年轻人怎么样了？”

“后来，那位年轻人果然不负他所望，用了不到一年的时间，就开发占领了整个东北市场，三年后，产品遍及全国并出口到国外。后来，他成了这家公司的主管，现在，他就坐在你面前。那位年轻人就是我。”

我惊诧地看着他，又转身看看墙上的那两幅画，久久无语。

上苍不会给我们快乐，也不会给我们痛苦，它只会给我们机遇。你可以选择一个快乐的角度去看待它，也可以选择一个痛苦的角度。

最后的选择

我去一家公司办事时，认识了他，他是这家公司一个部门经理，给我留下非常深的印象，他非常热情，尤其是他的笑，让人感觉非常真诚，和那种职业微笑不一样。后来，我们又接触几次，每一次，他都把他的热情和快乐传染给我。后来，我们就熟了，我问起他的过去，他告诉我，他只有初中毕业，以前做厨师，而且非常不快乐。我感到十分惊讶，他就给我讲了这段他自己的亲身经历。

那年，他正读初三，准备参加中考，这时，母亲因为单位不景气而下岗了，全家靠着父亲微薄的工资勉强维持生存，父母不想让他考高中将来再考大学，因为即使考上了家里也无力负担。无奈，他放弃中考，进了一家厨师培训班，学了半年就出来工作，赚钱养活自己。他一点都不喜欢这个职业，但是对于一个像他这样连高中都没有读、没有任何其他技能的人来说，除了每天守在厨房里，再也找不到比这更好的工作了。

那段日子，他内心非常失落，他眼里的天空总是阴暗的，看谁都不顺眼，在家里看不起卑微的父母，在外面又觉得别人看不起卑微的自己。痛苦和茫然中，他甚至想到了自杀。既然看不到希望，生不如死。

想是容易的，行动却很难，他整天生活在生与死的折磨中，不知道如何选择。最后，他鼓起勇气，去拜访一位大学教授，他们是在一个偶然的机会认识的，他非常崇拜他。

教授看着他，略带沉思地说："生活就是不断地选择。"

"不，我没有选择。父亲是个小工人，母亲下岗在家找不到工作，我们一家三代住在一个窄小的破旧的房子里。我不喜欢这样的家，可是我没有选择。"

"你不能选择家庭，你可以选择自己。"教授又说。

"不，我无法选择我自己。我想和同学一样，考高中，将来考大学，可是我们家的钱每个月都不够花，我只能放弃上学，我没有别的选择。"

“那你可以选择比现在更好的工作。”

“不，我无法选择工作。我只有初中学历，除了做菜，没有别的技能，我只能待在厨房里，听别人的命令行事。我没有别的选择。”

教授看着他，微笑着，用温和的语调说：“不，你可以选择。即使你一无所有，什么都不能选择，你还有一个最后的选择：这个选择完全取决于自己、完全不受外界限制，这就是，你还拥有选择让自己快乐的权利！”

“选择让自己快乐？”

“对，选择让自己快乐。只要你想让自己快乐，你总能做到。”

他似懂非懂，有些想不明白。回去的路上，他仍然在想。走到车站等车，他还在想。等车的人很多，过了一会儿，车来了，人们呼地一下拥过来，他冲上前，靠着年轻力壮，挤上车抢到一个座位。离他不远，一个男人抱着一个小孩，小孩不大，看样只有一岁多，长得非常可爱，胖乎乎的，瞪大眼睛，张着嘴，好奇地看着他。过了一会儿，小孩转动一下身体，换了一个姿势，趴在父亲的肩上，这个姿势让他感到更舒服，他咧开嘴笑了。

那一刻，他突然明白了，什么是选择。一个只有一岁、对生活毫无经验、没有任何应对能力的婴儿，都可以选择一个让自己更舒服的姿势，难道16岁的自己竟会没有选择吗？

他立刻站了起来，把座位让给小孩的父亲。那天，他感到了许久以来未曾有过的快乐。回家的路上，他吹着口哨，去他平时最讨厌的菜市场，买了许多父母喜欢吃的菜，回家给父母做了一顿丰盛的晚宴，他感到由衷的快乐。第二天，他早早到单位，把厨房打扫得干干净净，他感到非常快乐。后来，他去读了成人高中，参加了成人高考，再后来，他离开了饭店，应聘到这家公司，从业务员一直做到现在的业务经理。

和自己比较

表哥12岁的时候，一场意外的火烧伤了他的左手，需要植皮，后来他的手背和腿各留下一块伤疤。从此，这小小的伤疤成了他心里永远的痛。每次出门，他都要戴上手套，即使再炎热的夏季，他也穿着长裤。身上的伤疤掩饰起来，可心灵的伤疤却永远地刻着。随着年龄的增长，身上有形的伤疤在长，心灵上无形的伤疤也在长，慢慢长成他精神上的一个枷锁。他总是一个人躲在远离人群的地方，拼命地读书。六年后，他以优异的成绩考上北京一所著名的大学。毕业后，他去了北方滨城，在一家有名的大公司工作。不久，他又辞职下海经商，自己创办了一家电脑公司。几年后，我大学毕业来到滨城，他就开着他的蓝色宝马来接我，带我去他的公司，我一一参观，心想，这回表哥该满意了，同时心里又有些羡慕和嫉妒，暗下决心：一定要拼命努力，争取在未来几年，也要有一家像样的自己的公司。

我们虽然在同一座城市，但表哥整天忙于生意上的事，平常只是打打电话，难得见面。偶尔赶上周末没事，他带我去见他的一些朋友。那天，表哥的一位同学从美国回来了，他要请同学吃饭，让我陪他一起去。我们一起去了滨城最好的香格里拉大酒店，同去的还有表哥的另外两位同学，一位是酒店的总经理，另一位是外院的副教授。席间，大家谈起分别这几年各自的经历，然后话题一转，纷纷赞美起表哥来，说想不到在学校时沉默寡言从不张扬的表哥竟然创办了一家这么大规模的公司，是同学中最早步入成功者行列的。表哥忙说："哪里哪里，你们才是真正的成功者，你有最紧俏的绿卡，你是响当当的老总，你呢，最受尊敬的教授。我算什么。"表哥自嘲地说，言语中分明透着掩饰不住的骄傲和自豪。大家又接着聊起来，过了一会儿，我无意中抬头，看到表哥两眼直视着窗外，一脸的茫然。我一愣：莫非他有什么心事？回去的路上，我忍不住问他。表哥先是一惊，脸上掠过一丝愁云，长长地叹了口气："小妹，你可千万不要对别人说，最近我做了几笔生意都亏了，现在账上已经没有钱了，我必须在这个月内解决20万流动资金，否则公司就维持不下去。"

我看着表哥，快言快语地说："这还不好办，把车卖了不就行了。"

"那哪行？车是男人的腿。男人没有老婆也不能没有车。"

"再买台便宜的车开，一台桑塔纳才十几万。"

“那也不行，这车只能越来越好，不能越来越坏。我今天开宝马，明天开桑塔纳，就等于给自己做了一个没有钱的广告，谁还会和我来往？”

我看了表哥一眼，把视线转向窗外。蓝色宝马车在宽敞的马路上飞速平稳地驶着，路旁的行人一闪而过，不远处一辆公共汽车驶来，一大堆人奔过去，拥挤着，喧闹着。对于这些一辈子挤公共汽车的工薪阶层来说，能拥有一台桑塔纳也许是他们一生中永远也不可能实现的一个梦想，可是对于表哥这样的大老板，却是一件令他烦恼的事。可他这样的烦恼我帮不上什么忙，只能陪他坐一会儿，说说话，实际上我也没说什么，都是他在说，讲他这些年创业的辛酸。我这才知道，在别人眼里一向风光的他，其实心灵比无数人都更加疲惫。那天，他说了很多，也喝了很多酒，直到很晚，我们才离开。

半夜里，电话突然响了起来，是表哥，他无力地告诉我，胃疼得厉害，好像要疼死了。我放下电话，抓起钱包就往外跑，在楼口打了一辆红色桑塔纳，飞快地到表哥家，司机帮我把表哥扶到车上，送到医院。表哥躺在床上，脸色苍白，一位老医生给他做检查，我紧张地望着，过了一会儿，老医生把我叫出来，说：“你是病人家属吧，他现在胃出血很严重，需要立刻做手术，否则有生命危险，你在手术单上签个字吧。”我用颤抖的手写下自己的名字，转身走近病床，忍住泪对表哥说：“你胃出血，需要做手术，别害怕，我陪着你。”

没想到表哥听了，竟像个孩子似的捂着自己的腹部，连连说：

“我不做手术，我身上已经有两块伤疤了，我不要再留下伤疤！”

我和护士怎么劝他也不听。这时，那位老医生走过来，静静地看着他：“小伙子，多大了？”

“29。”

“结婚了吗？”

“没有，女友在美国，我们明年结婚。”

老医生不再问了，用手在他的腹部摸了摸，说：“现在里边还在出血，很严重，你快要死了！”说完，一转身就往外走。

表哥猛地从床上坐起来：“什么？医生，别走，我不想死，救救我！”

老医生又走回来：“不想死？”

表哥点点头。

“那好，手术。”

表哥听话地躺到床上去，他最后握了一下我的手，就被推进手术室了。手术室的门哐的一声关上了，把他关进一个“悲惨世界”里。他一向聪明要强，可小时候的一场大火几乎把他的梦想烧成灰。现在他好不容易奋斗到今天，可公司陷入困境，这个时候，他又病倒在床上，真是祸不单行啊！我焦急地守候在手术室门外，时间仿佛停滞了，一小时就像一年。终于，门开了，我冲过去，表哥紧闭着眼睛，身上插了好几根管子。老医生告诉我，手术很顺利，一会儿他就会醒来。我守在表哥身旁，天渐渐地亮了，窗外的阳光照了进来，表哥睁开眼睛，有些木然地盯着床头输液管里那一滴滴流向他身体的鲜红的血液。我忍住悲伤，安慰他说：“表哥，没事，过几天你就好了，到时候一切都会好的。”

表哥看看我，忽然咧开嘴笑了。记忆中从未见过他这么轻松、这么开心地笑过。他抬起手拍拍我：“小妹，别为我担心，我现在一点儿也不难受，真的，对一个刚刚从手术台上下来的人来说，没有什么比知道自己活着更满足的了！”

我望着表哥安然的样子，心中无限感慨：我们从生下来就习惯比较，和比我们健康的人比，和比我们强大的人比，和比我们富贵的人比，我们钻进一个不停攀比的圆圈里，永远也走不出来。因为我们总是以走在我们前边的人为参照，从来不曾和自己的过去比较。直到有一天，突然病倒在床上，我们才发现：当我们以死亡为参照的时候，我们才真切地感觉到：活着，是多么的好！

回家的路

他是我一位朋友的丈夫，因触犯法律在1988年被公安部门收审，那一年他32岁。他一年后被判无期徒刑，押往沈阳大北监狱服刑改造，1992年因表现突出得到减刑，由无期徒刑改为有期徒刑15年。1993年春天，他老父亲病重，冶疗了几个月不见好转，到了夏天，已危在旦夕。监狱领导得知此情况，考虑到他在改造期间表现突出，特批准他两天假，让他回家和老父亲见上最后一面。在离家整整五年后，苦苦地期盼了1800多个日日夜夜，他才在那年的盛夏踏上回家的路。

坐在哐哐作响的火车上，他的心一刻也不能平静。五年中第一次呼吸到人间自由的空气，他觉得一切都是那么好，都是一种享受。可是一想到促成他这次回家的缘由，他的心便变得阴冷，一股寒气涌上心头。父亲肯定快不行了，否则监狱领导不会同意他和家人的请求，让他回家探亲。

火车鸣叫着开进了车站。在车站出口，他看到了来接自己的妻子、女儿。他随她们一起坐上回家的车。车子很快驶到自己家的楼门口，他下了车，抬头朝二楼那扇熟悉的窗子望去，只这一望，就把他带回到五年前那噩梦一样的早晨。那一天，他像往常一样离家去上班，走了几步，习惯性地回头望望，夏日充足的阳光照在自己家的小窗上，预示着会是一个阳光灿烂的日子。他到单位不久，警车就把他带走了。家留给他最后的印象，就是映照在简陋的窗子上的盛夏的阳光。

站在家门口，他的腿发起抖来，女儿抢着跑进去，喊：“爷爷，爸爸回来了！”

老父亲睁开眼，看着自己日日想、夜夜恨的儿子，眼泪从混浊的眼睛涌出。

“爸，我回来了。”

老人张了张嘴，还没说话，已是老泪纵横。

“爸，您病得这么重，还是送您去医院吧！”

老父亲听了，一边摇头，一边用力说：“我知道我快不行了，我要走了，走之前，我只有两个愿望：一个是能见上你最后一面，让你送我走；一个是一定要从家里走，我不行那天，千万别送我上医院，横竖是死，死在外面我闭不上眼。”

此时，妻子不得不告诉他实情，父亲的病没指望了。可他心里还是残存最后一点希望，不甘心。他为父亲请来一位专家，专家检查后说：“医学对他已无能为力了，准备后事吧，让他尽量走得平静些。”

他上街为父亲买了许多好吃的东西，还买了一瓶好酒。他下厨做了一桌子丰盛的晚餐。这最后的晚餐，父亲只是看看，一口也吃不下去。晚上，父亲痛得难以入睡，他默默地陪着他。快到天亮时，父亲眯了一会儿，他也支撑不住，睡着了。父亲不忍心喊他，这一睡，就到了下午，醒来后他悔恨不已，因为晚上他就得起程回监狱去。站在父亲床前，夏日里最后一抹阳光照在父亲苍老瘦削的脸上，他们心里都明白，这就是他们最后的诀别了。窗外，残阳似血。

他最后用力握了握父亲的一双枯手，流着泪一步一步向外走去。他从未像现在这样憎恨自己，从未像现在这样留恋脚下这片故土。

他走后15天，父亲便撒手人寰。弥留之际，父亲嘴里一直念叨着他的乳名。

一年后，他被选为犯人“积委会”主任，参加省劳改积极分子大会，再一次得到减刑，减去有期徒刑两年。十年间，他总共四次减刑，当他从监狱领导手中接过第四次减刑证书时，他泪如雨下。这一纸薄书意味着：明年，他就可以回家了。

天气预报

父亲是山东人，爱听吕剧，一边听一边摇晃着头哼唱。因为我们吉林省的电台不怎么播，他就专门买了一台收录两用机，可他还没来得及买磁带，我们就弄了盘邓丽君歌带，父亲听了，大叫：“难听死了！闭上！”我们只好在他不在家的时候听，后来他终于买到一盘戏曲带，他一听，我们也叫：“难听死了！”叫归叫，却不敢给闭上，谁也不想挨他一巴掌。因为我和哥哥、妹妹特不爱听，后来这盘带倒多了一项功能：每天早晨喊我们起床。

小时候母亲千方百计哄我睡，父亲说我睡的时间还没哄的时间长。后来长大上学，我像换了一个人似的，贪睡。早晨叫我起床不是件很容易的事。父亲母亲轮番叫，掀被子、打屁股，每天早晨上演一次。有一天，我正在甜美的睡梦中，忽然听见一声唱腔，如雷贯耳，吓得我以为路遇坏人。睁眼一看，录音机在吼，气得我大喊：“把录音机关了！”父亲说：“你快起来，你起来我就给你换邓丽君。”我不堪忍受耳朵和心灵的双重痛苦，别无选择，只好起来。父亲倒遵守诺言，我一起床，他真的换上了他最烦的邓丽君。这样每天早晨6时起来，我一边听歌，一边梳洗、吃饭，但只能听到6时20分，因为父亲要听天气预报，确切地说是父亲打开让母亲听，这个时间他看报。本来听歌正听得入迷，却突然要换天气预报，我心里很来气。依我看，天气无非就两种：阴或晴，下雨或不下雨，我们家又没有从事户外工作的，听不听有什么两样？但是父亲说了算，他负责换成收音机模式听天气预报，他本人继续读报，我猜他从来就没听。每次都是妈妈嘱咐我们多穿衣服或少穿衣服，带伞或不带伞。

后来我去省城读大学，也就是那年，家里添了台彩色电视机。我放假回家，没事就看电视、听歌。本来正欣赏毛阿敏演唱，父亲一看表说，快换吉林台，听天气预报。我说：“刚才你不是看了白山台的吗？知道本市的天气就行了，管别的地方干什么？”父亲听了不言语。妈妈在一旁说：“就是，她都从长春回来了，这个月不用看了。”我看看妈妈，妈妈说：“你走了以后，你爸每天都看天气预报，看了白山台的再看吉林台的。”我不知道是父亲亲自看还是打开让母亲看，不过都一样。我在长春离家这么远，他们知道长春有雨又能怎么样，还不是白操心！

四年后我大学毕业分配到滨城大连，离报到还有半个月时间，我先回了家，每天仍是泡在电视机前。有一天晚上，看完中央台《新闻联播》，我要换吉林台看《音乐欣赏》，父亲说等会儿，看看天气预报。我心里想，父亲又上一新台阶，开始看中央台的天气预报了。他一边看，一边自言自语：“大连是海洋气候，可能比我们这雨天多。”我听了心里一动，认真看了看电视上的气象图，在鸡脖子底下那小块，就是大连，再过些天，我就要奔向这个对我来说还十分陌生的城市了。

走的时候，父亲要去送我。除了四年前第一次离家他送过我，以后我每次来来去去他看上去并不太在意，可这一次，父亲似乎有些异样。我悄悄问妈妈，妈妈说：“你爸昨天晚上几乎一宿没睡，他说：以前每次走总觉得你很快就会回来，这回可是真的走了。”我说：“爸爸不是总是说毕业后让我走得远远的，留在家里没出息吗？”妈妈瞪了我一眼：“那是他嘴硬，他心里是想你留在身边。”

到了火车站，父亲让我坐在候车室里等着，他去买票，一会儿他回来把票给我，让我放好，别丢了。父亲看看表，想起什么，说：“你在这别动，我去一会儿就来。”过了一会儿，人群动起来，要检票了，可还不见父亲的身影，我急得向四周望，终于看见父亲从人缝中向我这里移动。等他挤过来，我看见他身上的白衬衫湿了一大片，手里拿了把蓝底白花折叠伞。我说：“我有伞，你买它干什么？”父亲说：“两把伞一把放在单位，一把放在宿舍，你不听天气预报也没关系了。”

火车开动了，父亲一直站在站台上，直到我走远。我很想他转身离开，好让我看看他的背影，但始终没看到。许多年来，我一直为我读过的那篇描写父亲的著名散文《背影》里的父亲感动，他那风中的白发、蹒跚的步履、微驼的背影这些明显衰老的标志每一样都让我感动，可这些在我父亲身上一样也没有。但我依然感到父亲已在衰老，他是从性格上衰老的，他变得越来越琐碎了。他学会在我们在家的时候不听他的山东吕剧了，他也学会在我们不在家的时候听天气预报了。那次离家以后，我也开始看天气预报了，因为有两把伞，下不下雨对我已不重要，但我还是会在每晚上《新闻联播》后收看中央台的天气预报，我知道此时父母一定相守在电视机旁，和我“共同”收看天气预报。尽管这里不会预报我的故乡小城的天气，但这又有什么关系呢？他们本来关心的就不是他们自己的“天气”。

痛苦的背面

从小学到中学，她一直是班干部、三好学生，高中毕业，她以优异的成绩考入一所重点大学，担任系学生会干部，大三时还入了党。大学最后一年，她参加全市应届毕业生洽谈会，与北京一家很有名的企业达成协议，接收她毕业后去工作。她满怀欣喜，只等着7月份一毕业就去北京工作。

可是，就在毕业前一个月，她经不住好友的再三请求，答应替好友去参加英语考试。结果，那次替考被同学发现举报了。当时，学校刚换了一位新校长，正严抓校风、校纪，虽然系里老师再三为她说情开脱，最后她还是被处以开除学籍、勒令退学，并给以开除党籍、留党察看一年的处分。

这样的结果，不仅是她本人，连学校的老师、同学都有些不忍接受。那段日子，她的痛苦，可想而知。家人怕她想不开自杀，请假轮流陪着她。男友闻讯从外地赶回来看她。男友非常爱她，知道她出事后，他也非常难过、痛苦。看到她现在这个样子，更令他担忧。他不知道用什么办法，才能安慰她，化解她心中的痛苦。

一连三天，她不吃不喝，蒙头躺在床上。家人的安慰、劝解，她一句也听不进去。到了晚上，男友过来，揭开她蒙在身上和脸上的被子，把一张写满了字的纸放到她眼前，说："我知道你现在非常痛苦，你也完全有理由痛苦，即使你有100个痛苦也不过分。你看，这张纸写的全是'痛苦'，有100个。我们打个赌，你把它一点点撕成碎片，我保证在十分钟内把它拼好。"

她看了看，接过来，一下一下，撕成碎片，扔在地上。不一会儿，地下就堆满了碎纸片。男友弯下身，一一捡起来，坐在一旁的写字台上，一块一块地拼。果然，用了不到十分钟，他就拼好了。

她看着那些刚刚被自己撕成碎片、现在竟又粘贴在一起的"痛苦"，十分惊讶，终于开口，说了第一句话："你是怎么拼好的？"

"很简单。你看，"男友把纸翻过来，只见纸的背面用红色彩笔写着一个硕大的"快乐"，两个字占满了一张纸，"我在它的背面写下'快乐'两个大字，让它充满整张纸。拼的时候翻过来，按照‘快乐’的笔画拼，这样，一会儿就把它拼好了。”

“亲爱的，无论何时，你要记住，痛苦的背面，就是快乐！中国的大学你读不了，可是，全世界，不只中国有大学呀！你不是一直想去美国留学吗？其实我也非常想去。我们做个比赛好吗？我们俩一起报考托福，一起申请去美国读书，看谁先通过。”

她已是泪流满面，扑进男友的怀抱，用力点点头。

免费午餐

同学在电视台做编导，想做一期谈话类节目，让我帮他找两个嘉宾。正巧，几年前移居美国的好友回国休假，他思维敏捷，语言组织能力很强。我打电话给他，向他说明意图。我以为他一定会欣然接受，想不到他听了，却问我：“电视台付费吗？”

“不付。”

“为什么？”

“不为什么。电视台请嘉宾没有付费的。不付费还有很多人抢着去讲呢！都把这看作是推销自己的好机会。”

“哦，是这样。我觉得谈话题和推销自己是两个概念。所以付费和不付费是不一样的。我给你讲件事，我初到美国时，因为要买汽车，去了一家汽车经销公司。看车的时候，我无意中谈到关于汽车的性能、改进方面的问题。买完车我就走了。可是没想到，两个月后，我收到美国一家汽车研究所的信函，信中写道：‘我们获悉您关于汽车方面的知识和见解，诚恳邀请您参加我们在纽约举办的汽车研讨会，因为占用您的时间和精力，我们愿意每小时支付给您70美元，负责往返路费、食宿，敬请光临指导！’

“我很奇怪，我来美国才几个月，和汽车研究所根本没有联系，他们是怎么知道我的？后来我才知道，美国的各大汽车公司、协会为了收集信息、情报，聘请许多专、兼职人员，专门收集汽车情报、信息，包括对汽车了解、有相关知识的人。我决定参加那个研讨会，为此，我拿出三个小时做准备。我讲这件事的目的，是想告诉你：付费和不付费是不一样的。因为做任何事情都要花费成本，价值越高的事情成本也越大。世界上没有免费的午餐，如果免费，你就无权挑剔食物的质量。”

流动的男人

我们是在一次宴会上认识的。

他风流潇洒，机智幽默，谈话风趣，阅历丰富。他一出场，就吸引了几乎在场所有女人的目光，特别是刚入社会、涉世不深的年轻女人的目光。我注意到，他讲话的时候，有一个女孩子目不转睛地看着他，他对女孩子也格外热情。也难怪，那是一个很年轻很漂亮的女孩子。我意识到，事情不会到此为止，可能会发生点什么。

果然，等到宴会即将结束的时候，他拿出纸和笔，给女孩子手写名片。

写完，他起身双手把名片递给她，诙谐地说："文字一旦变成印刷体，就失去了个性和生命。手写的就不同。希望你不要一出门就把它扔到垃圾箱里，这上面带着我的个性、热情和体温。"

女孩子双目含情，接过名片。作为回报，她也同样手写一张名片给他。

我意识到，这将是一段危险恋情的开始。我很想对女孩子说点什么，可是说什么呢？即使说了，她会听吗？我得承认，他确实魅力无限，对于年轻女性，有一种挡不住的诱惑。如果我再年轻五岁，我也会像那个女孩子一样，被他吸引，为他心动。毕竟，感情的事情，自己不亲身经历，是不会有体验的。别人的经验对你通常没有多少意义。

尽管如此，那天晚上告别时，我还是提醒了她一句。我说："这种男人，是每个年轻女人都想爱的。"

我特别在"每个"两个字上加重语气，显然，她没有听懂我的话，她沉浸在那种心灵被打动的幸福感之中。这也不能全怪她，不是她的错，是年轻的错。

她无可救药地爱上了他，这不奇怪，也不悲哀，和他那样的男人谈一场风花雪月的浪漫之爱，人生也了无缺憾了。悲哀的是，她竟然嫁给了他。他和她一起生活了三年。那三年的日子，她像找到了王子的灰姑娘。的确，他给过她快乐和幸福，但是比起以后他给她的痛苦和伤害来，就微不足道了。他在外面又有了别的女人。她知道了，让他在二人之中选择。

他选择了新人。

她带着一岁的儿子从曾经幸福、快乐的家里搬了出来，发誓从此不爱男人。

有一种男人，个性是流动的。他很难坚守一方阵地，他总是要不断尝试新的东西，喜欢新工作、新环境，结交新人，尝试新生事物。这种人，机智灵活，风趣幽默，富有热情，精力充沛；在工作中相当有创意，也容易取得一点成就；在社交场合往往表现不凡，容易成为注意力中心；表现在爱情婚姻上，常常会“爱情更新”“婚姻换代”。

像这样的男人，被女人特别是年轻的女人遇到，很容易会爱上。

你可以爱他，但是，不要嫁给他。

他的个性，注定了一生漂泊。一个漂泊的人，他的爱情和婚姻，注定是动荡的。爱情可以动荡，但是婚姻不可以。好的婚姻，是宁静的港湾，而不是人生的一个驿站。

爱情不是讲理的地方

这是好多年前的事了，但是我一直清楚地记得，就像刚刚发生一样。

那天，公司要宴请一位重要客户，我和他还有另一同事，奉命前去作陪。我们离开办公室，他一边走，一边拿出手机打电话，向夫人请假。

“喂，今晚有事，不回去吃饭了。”

“你早干什么了？你怎么不早说呀！我都做好饭了！你以为你是谁呀！你以后再别回这个家！我才不侍候你呢！”

电话那端，传来女人气势汹汹的声音，声音很大，我和旁边的同事都听到了。我们看着他，他不好意思地朝我们笑笑，对着电话继续说道：“公司临时有事，我也是才知道。我知道你是心疼我，我没事，你放心。我不会喝多的。好，就这样吧，你早点休息，不用等我，我尽量早点回去。”

走出办公楼，同事去开车，我们俩在门前等着。我看看他：“你脾气真好，刚才她那么发火，你还这么和气地和她讲道理。”

他笑了笑，说：“其实，她已经把电话挂了。”

我瞪大眼睛：“那你……”

“我是讲给自己听的。”

我有些为他鸣不平：“虽然你晚回家不对，可她那样做，也有些太不讲理了！”

他拍拍我的肩，说了一句让我一辈子忘不了的话：“年轻人，记住：爱情，不是讲理的地方。

资本爱情

阿萌和我是大学校友，不过不同系，她是学哲学的，比我低两届，所以在校时我们并不认识。我们相识在一次新闻发布会上，那时我们各自都改行做了记者，我在报社，她在电台，认识以后便经常互通信息，有时一起结伴采访，有两次我还客串嘉宾帮她做节目。闲暇时我们一起聊天，谈起以后的打算，我说忙了这么多年，想停下来写点东西，她说也想停下来，去学校读书。之后不久，我们就各自如愿。我辞职回家，她考上了东财的MBA。有所不同的是，因为要支付MBA昂贵的学费，她没有辞职，继续在电台工作。她一边工作，一边读书，白天晚上两头跑，很是辛苦，一点闲暇也没有，我们的来往也因此中断了。

再见到她，是三年后，在一位朋友的婚宴上。她告诉我，MBA已经毕业了，刚刚拿到毕业证。这并不让我感到特别意外，让我感到意外的是，与MBA毕业证同时拿到手的，还有一张结婚证。新郎不是别人，正是她读MBA的同学。

“下个月举行婚礼，到时候请你去。”阿萌用悦耳的声音说，喜悦之情溢于言表。我有些羡慕地看看她，当年她和我说要读书时，想法很简单，只是想充充电，增加在职场上拼杀的资本，没想到收获的还有爱情。

读大学时，阿萌曾有过一次初恋，不过后来以分手而告终。毕业后她忙于工作，其间也有过几次短暂的恋爱，但都无疾而终。她抱着顺其自然、听之任之的态度，把精力都转到事业上，报考了MBA。学哲学的她，对于那些经济学理论颇感有些吃力，什么资本重组、资本再生，于是虚心请教班上男生。男生自然乐得相助，虽然已过而立之年，但对女性的热情依然不减当年，不仅有问必答，而且还热心相送，一路下来，促成一段好姻缘。

据阿萌讲，他们班42人，毕业时成了两对，约占总人数的10%。这一比例的确有些出人意料。当初入学时，班上曾就“读书目的”进行过一项民意调查，60%的人回答读书是为升职，拿高薪；25%的人回答为了提高自己的竞争力；其余15%的人回答比较宽范，诸如充实自己、调整自己、重新定位自己，或者通过读书结交朋友、交流沟通、增加人际资源等，答案可谓五花八门，但就是没有一例是为爱情的。

其实细想想也难怪，爱情和事业一样，也是需要人际资源的。为什么校园爱情、办公室恋情比较广泛？因为这些环境有你最易接触到的人。爱情无法在别处，无论你怎么幻想，无论你多么浪漫，你也只能在你身边、在你能够得着的人群中选择。大多数人在大多数时间接触的，大都是与自己有着相同或相关职业和身份的同类。通常情况下，人们喜欢和这些人做朋友，但不喜欢做伴侣，人们往往对与自己有不同职业和身份的人更感兴趣，但又无暇接触。MBA就像一个浏览器，把散居在各处、不同行业，年轻有为、高素质的人搜索到一起，形成一个相似而又相异的新的群体，客观上已经完成了一次入门筛选，又给了你三年的充足时间，如果再碰巧是单身，那么，发展出几段爱情，也就不足为奇了。

想要爱情吗？去读书吧。虽然学费贵点，但商业时代，有资本才有爱情，如果能觅到如意郎君，几万元的学费还是很便宜的。

爱是心灵的产物

很长一段时间，我一直以为，爱情是年轻人的特权，与老年人无缘。

所以那次同学聚会，当听说独居多年、已过五旬的老师坠入情网，准备与一位小他十岁的女士结为伉俪时，我笑道："这与爱情无关，是年纪大了，想找个伴。"

"不，我觉得他们是爱情。"同学反驳我说。

“爱情？”我斜睨了他一眼，“爱情是年轻的产物，不适合生长在老的土壤上。”

“可我觉得他们是爱情，不信你可以去看看，看看他的眼神就知道了。”同学固执地说。

于是，一个夏日的午后，我怀揣心事，去拜访老师。

一进门，我不禁愣了。分别几年，老师倒越发年轻了。他的一双眼睛闪着年轻人特有的热情和光芒，脸上的肌肤饱满而富有张力，虽然眼角不可避免地堆满了皱纹，但那皱纹恬静、从容，仿佛含着笑，不见岁月的沧桑，倒平添几分年轮的魅力。

“难道，他真的在恋爱？”趁老师去泡茶，我一边环视房间，一边在心里嘀咕道。

老师酷爱喝茶，家里藏有上等的好茶，每次来都能一饱口福。没想到这次他端来的是最普通不过的菊花茶，用的是那种很不讲究的大茶杯，上面冒着些热气。

我有些不快，但天气炎热，加上刚才赶路，十分口渴，端起来几下就喝完了。

老师又给我倒了第二杯。这一次，他用的是稍小的茶杯，水的温度也比刚才稍热。我一边喝，一边和老师聊天。天南海北，绕来绕去，一杯茶不知不觉就喝完了。

我放下杯，正想着怎么开口。这时，老师站起身，打开茶柜，从底层拿出一个紫色茶罐，和一套正宗的紫砂茶具。而后，他为我端来一小杯上等好茶。

我怔怔地看着那一小杯茶，又抬头看看老师。

老师微微一笑，缓缓地说道：“这第一杯茶是为你解渴的，所以用普通的茶和杯，温度要适当，量要大。这第二杯茶是为你润舌的，因为你已经喝了一大杯不会太渴了，但你要说话，要边说边喝，所以温度要稍热，量也要稍小些。现在——”说到这，老师稍停了一下，直了直身子，加重语气说：“你已经喝了两杯茶，既不需要解渴，也不需要润舌，纯粹是为品茶，所以给你一小杯上等的好茶。你现在慢慢品吧。”

我端起那一小杯茶。

不用说，我品到了纯正的茶香，也找到了我要的答案。

爱，是心灵的产物。它非常简单，简单到没有目的，爱本身就是目的。它非常纯粹，没有一点儿杂质，不需要任何手段。只需放下自己，打开心门，倾心去爱，去感受，就能得到爱的甜美和芳香。可惜，年轻时，我们不懂爱情，把需要当成爱，其实那更多是源于生理的饥渴，所以爱得鲁莽而幼稚。中年时，我们肩负重任，把爱变成习惯，其实那更多是源于心理上的疲惫，所以爱得娴熟而圆滑。唯有步入老年，卸下一切责任，解除所有装备，还原为自己，单纯到只为爱而爱。

所以，爱，不是年轻人的特权，更应为老年人拥有。可惜，对于大多数老人，多年历经风雨沧桑，他们的心也像他们的掌一样，生了一层厚厚的茧，又有几人能像老师那样，有一颗出污泥而未染的童子之心，去品那纯正清香的第三杯茶呢！